초등학생이 꼭 알아야 할

위대한 역사 상식

| 우진영·이양경 지음 |

가림출판사

일|러|두|기

각 항목에 제시된 퀴즈에 대한 정답은 첫째 마당, 둘째 마당 등으로 구분 된 범위 안에서 그다음 페이지 퀴즈 부분에 표기되었음을 알려 드립니다.

예) 첫째 마당 퀴즈 01 정답 : 첫째 마당 퀴즈 02에 표기
  첫째 마당 퀴즈 02 정답 : 첫째 마당 퀴즈 03에 표기
  첫째 마당 퀴즈 10 정답(첫째 마당 마지막 항목) : 첫째 마당 퀴즈 01에 표기

 _책머리에

**수많은 오늘이 쌓이고 쌓여서 역사가 되고,
그 역사 위에 새로운 내일이 열립니다.**

역사는 수수께끼처럼 흥미진진하고, 여러 민족의 저력을 깨닫게 할 만한 놀라운 이야기가 많이 있으며, 역사의 발전은 몇 사람의 힘으로 갑자기 이루어지지 않습니다. 하지만 그 많은 사람들의 크나큰 노력들 가운데서도 유난히 눈에 띄는 역할을 한 사람들이 있고 초등학생이 꼭 알아야 할 사건들이 있습니다.

이 책은 인류의 긴 역사 속에서 눈에 번쩍 띄는 활약을 한 인물을 중심으로 역사의 커다란 줄기 중 꼭 알아야 할 역사 100가지를 중심으로 엮었습니다.

무슨 일을 하든 역사를 알면 참 많은 도움이 됩니다. 일이 잘 풀리지 않고 미래가 보이지 않아 불안할 때, 역사책을 펼치면 희망을 찾을 수 있습니다.

이 책을 읽기 전에 먼저 이런 상상을 해 보세요.

'수백 년, 수천 년 뒤, 우리의 후손들이 읽을 역사책에는 지금 우리가 살고 있는 이 시대에 대해 뭐라고 쓸까?'

그런 다음 이 책의 한 장면 한 장면 가만히 생각해 보면서 읽으세요. 이런 상상도 해 보고요. '내가 이 시대에 태어났다면 어떻게 살았을까?'

이 책이 어린이 여러분의 학습에 많은 도움이 되기를 바라고, 여러분이 역사 속의 주인공이 되기를 소망합니다.

우진영 · 이양경

차례

책머리에 · 7

★ 첫째 마당 역사의 문을 열다

막대기를 든 동물_ 구석기	14
원시인 에디슨_ 신석기	16
단군신화_ 한민족의 기원을 전하는 개국 신화	18
세계 4대 문명_ 강과 문명	20
태평 성대를 열다_ 요순 임금	22
지혜의 임금으로 불리다_ 솔로몬 왕	24
종교와 사상_ 석가모니, 공자, 노자	26
너 자신을 알라_ 소크라테스	28
고대 세계의 정복자_ 알렉산더 대왕	30
유레카, 유레카!_ 아르키메데스	32

★ 둘째 마당 혼돈의 역사

고구려 건국_ 주몽	36
만주까지 영토를 넓히다_ 광개토 대왕	38
살수 대첩과 안시성의 북소리_ 을지문덕	40
백제 건국_ 온조	42
일본에 문화를 전파하다_ 근초고왕	44
낙화암과 삼천 궁녀_ 의자왕	46
신라 건국_ 박혁거세	48
해상왕_ 장보고	50
탐라국과 우산국_ 이사부	52
화랑도를 키운 왕_ 진흥왕	54
한민족의 삼국 통일_ 김유신	56
갈라진 후삼국_ 견훤, 궁예	58
해동 성국_ 대조영	60
만리 장성_ 시황제	62

하나님의 아들_ **예수 그리스도** *64*
역사의 아버지_ **사마천** *66*
주사위는 던져졌다_ **카이사르** *68*
십자군 전쟁_ **셀주크 투르크** *70*
초원의 황제_ **칭기즈 칸** *72*
소녀가 나라를 구하다_ **잔 다르크** *74*

★ 셋째 마당 문화의 역사

고려의 건국_ **왕건** *78*
청자의 기품_ **고려의 문화** *80*
팔만 대장경의 정성_ **삼별초** *82*
삼국사기, 삼국유사_ **역사서** *84*
고려의 내란_ **이자겸, 묘청** *86*
활판 인쇄_ **구텐베르크** *88*
르네상스의 천재_ **레오나르도 다빈치** *90*
지구가 태양을 돈다_ **코페르니쿠스** *92*
지리상의 대발견_ **콜럼버스** *94*
4대 비극_ **셰익스피어** *96*

★ 넷째 마당 과학과 이성의 역사

조선의 건국_ **이성계** *100*
훈민정음_ **세종 대왕** *102*
과학 기술의 발전_ **장영실** *104*
수원성을 쌓다_ **정약용** *106*
사화와 당파_ **중종 반정** *108*
영국의 산업 혁명_ **자본주의** *110*
사과가 떨어졌다_ **뉴턴** *112*
미국 정신_ **프랭클린** *114*
철학의 아버지_ **칸트** *116*
종교 개혁_ **루터** *118*

★ 다섯째 마당 암흑의 역사

정명 가도, 임진왜란_ 이순신   *122*
뼈아픈 병자호란_ 삼전도의 굴욕   *124*
조선의 3대 도적_ 양반과 쌍놈   *126*
쇄국 정책_ 흥선 대원군   *128*
강화도 조약_ 태극기   *130*
베르사유의 장미_ 프랑스 혁명   *132*
아편 전쟁_ 홍콩   *134*
메이지 유신_ 일본의 근대화   *136*
불가능은 없다_ 나폴레옹   *138*
노예 해방_ 링컨   *140*

★ 여섯째 마당 시련의 역사

새야 새야 파랑새야_ 전봉준   *144*
나는 조선의 국모다_ 명성 황후   *146*
러일 전쟁과 민족 정신_ 을사늑약   *148*
의병의 항쟁_ 신돌석   *150*
3·1 만세 운동_ 유관순   *152*
대한 민국 임시 정부_ 광복군   *154*
해가 지지 않는 나라_ 빅토리아 여왕   *156*
철혈 정책_ 비스마르크   *158*
사회주의_ 마르크스   *160*
다이너마이트_ 노벨   *162*

★ 일곱째 마당 비극의 역사

8·15 광복_ 신탁 통치   *166*
38선을 넘다_ 김구   *168*
형제끼리의 싸움_ 6·25 전쟁   *170*
남북 적십자 회담_ 이산가족 상봉   *172*
사라예보의 총성_ 제1차 세계 대전   *174*

비폭력 평화주의_ 간디   *176*
승리의 V_ 처칠   *178*
제2차 세계 대전_ 히틀러   *180*
소녀의 일기장_ 안네 프랑크   *182*
아프리카의 천사_ 슈바이처   *184*

★ 여덟째 마당   현대 세계의 주춧돌을 놓다

4·19 혁명_ 이승만   *188*
유신 시대_ 유신 헌법   *190*
새마을 운동_ 박정희   *192*
아름다운 청년_ 전태일   *194*
광주 민주화 운동_ 제5공화국   *196*
99%의 노력_ 에디슨   *198*
올림픽 부활_ 쿠베르탱   *200*
라듐 발견_ 마리 퀴리   *202*
남극 탐험_ 아문센   *204*
무의식 탐험_ 프로이트   *206*

★ 아홉째 마당   21세기를 준비하다

6월 민주 항쟁_ 6·29 선언   *210*
IMF_ 국제 연합   *212*
남북이 하나 되는 날까지_ 통일   *214*
국민의 정부_ 월드컵   *216*
중국의 사회주의 깃발_ 마오쩌둥   *218*
경제 공황_ 루스벨트   *220*
아랍과 이스라엘_ 중동 지방   *222*
인도의 성녀_ 테레사 수녀   *224*
소련이 무너지다_ 고르바초프   *226*
남아프리카의 횃불_ 만델라   *228*

첫째 마당

역사의 문을 열다

막대기를 든 동물_구석기

    석기 시대를 도구의 제작 수법에 따라 구·중·신석기 시대로 구분할 경우 1865년에 처음으로 영국인 J. 라보크가 구석기 시대를 정의했습니다. 인류 역사상 가장 긴 시대였으며, 약 300만 년~200만 년 전에 시작되어 약 10,000년 전에 끝났고, 뒤이어 중석기 시대·신석기 시대로 이어졌습니다. 당시의 인류는 먹을 것을 획득하는 방법으로 채집에 의존했으며, 목축과 농경은 아직 알지 못했습니다. 연장으로는 깎아서 만든 돌칼, 돌창 등을 주로 사용했고 정착 생활이 아닌 이동 생활을 하였으며 주로 동굴에서 주거하였습니다.

한국의 구석기 시대

    현재까지 발굴된 한국의 구석기 문화 유적 중 가장 대표적인 것은 함경북도 웅기군 노서면 굴포리와 충청남도 공주시 장기면 석장리의 유적입니다. 그리고 2004년 1월 제주도 남제주군 해안가 일대에서는 중기 구석기 시대인 50,000년 전 호모 사피엔스의 발자국 화석 100여 점이 발견되었는데, 고대 사람 발자국 화석은 제주도에서 생활했던 구석기인의 직접적인 인간 활동의

증거로서 약 50,000년 전 한반도에서 살았던 우리 조상의 신체 구조 등을 유추할 귀중한 자료입니다.

함께 익혀 둡시다 원시인

원시인을 사람이 아니라 막대기를 든 동물이라고 한 이유는 생김새부터 지금의 우리하고 다르기 때문입니다. 몸은 온통 털투성이이고 눈썹 뼈가 불룩 솟아 있으며, 이마는 좁고, 입과 턱은 툭 튀어나와 원숭이와 닮은 모습을 하고 있습니다. 그리고 우리처럼 곧게 서지 못하고 등이 구부정했지요. 사람은 동물에서 아주 천천히 진화되었는데 그 열쇠는 손에 있습니다. 사람만이 앞발을 손으로 쓰기 시작했고, 손을 쓰게 되자 두 발로 걷게 되었으며, 막대기나 돌멩이 같은 도구를 손으로 집어 쓸 수 있게 된 것입니다. 손을 써서 일을 함으로써 비로소 사람이 되었습니다.

 구석기 시대와 신석기 시대의 **차이점**은 무엇인가요?

토기의 사용입니다. 구석기 시대에는 이동 생활을 하니까 저장 도구가 별로 필요하지 않았지만 신석기 시대에는 농경이 등장하면서 정착 생활을 하게 되었고 그러한 과정에서 생산이 되기까지 먹어야 할 음식을 저장할 필요가 생기게 된 것입니다.

> **Quiz 01** 구석기 미술 중 가장 뛰어난 작품은 어느 동굴의 벽화입니까?

사람이 동물에서 사람으로 진화했다는 말은 생각할 줄 알게 되었다는 말과 같은 뜻입니다. 그릇이 필요한 사람들은 그릇을 만들 방법을 끊임없이 생각했습니다. 그러다 신석기 시대에 이르러 에디슨처럼 무언가 발명하기를 좋아하는 한 원시인이 불 속에 흙을 넣어 보았습니다. 그리고 곧 딱딱하고 매끈하게 굳어진 흙덩이를 발견했답니다.

* 의 – 베짜기 기술이 발달되어 베로 옷을 만들어 입게 되었음.
* 식 – 원시 농경의 시작, 조, 피 재배(농기구로 돌낫, 뼈낫 사용), 곡물 가공(돌갈판 사용), 곡물 보관(토기의 사용).
* 주 – 강가나 바닷가에 반지하 움집을 짓고 거주 – 정착생활, 씨족 공동체 사회.

 한국의 신석기 시대

우리 나라에서는 기원전 6000년경 신석기 문화가 시작되었습니다. 우리 나라 신석기 시대의 대표적인 토기로 불리는 빗살무늬 토기는 두만강 유역의 웅기 굴포리, 대동강 유역의 청호리, 서울 강동의 암사동, 황해도 봉산군 지탑리, 평안남도 온천군 궁산 유적, 경기도 광주군 한강 부근의 미사리, 부산 영도의 동삼동 등 주로 동해와 황해 연안의 강가에서 발견되었습니다.

함께 익혀 둡시다 — 청동기 시대

청동은 구리에 주석이나 아연을 섞어 구리보다 단단하게 만든 것입니다. 칼날에는 홈을 파 사냥감이 빠른 시간에 피를 많이 흘리도록 하였고 화살촉은 검은 십자형으로 주조하여 상처가 크게 나도록 하였습니다.
대표적인 유적으로 무덤이 많은데 여기에는 돌무지 무덤, 고인돌 무덤, 돌널 무덤, 움 무덤이 있습니다. 또 장신구도 있는데, 이는 청동기를 사용했던 사람들이 자신들의 우월함을 나타내기 위해 사용한 것입니다.

목축의 역사는 어떻게 되나요?

사람이 제일 먼저 기르기 시작한 짐승은 개였습니다. 신변 보호용이었다고 합니다. 그 다음은 양, 염소, 소를 길렀는데 식용이었습니다. 돼지는 양이나 소보다 늦게 식량이 풍부해진 다음에야 길렀습니다.

> **Quiz 02**
> 원시인이 농사를 짓게 된 것은 손의 혁명, 불의 혁명 이후로 정말 커다란 사건이었습니다. 그래서 요즘 사람들은 이 사건을 무엇이라고 부릅니까?

단군신화_ 한민족의 기원을 전하는 개국 신화

　『삼국유사』에 따르면 환인 천제가 태백산의 신단수를 내려다보고 널리 인간 세상에 이익을 끼칠 만한 곳이라 하여, 아들 웅을 보내 다스리게 하였습니다. 이때 곰 한 마리와 호랑이 한 마리가 있어 사람이 되기를 간청하였습니다. 웅이 쑥 한 줌과 마늘 스무 쪽을 주면서 이것을 먹고 백 날 동안 햇빛을 보지 않으면 사람의 모양을 얻을 것이라고 하였는데 호랑이는 그대로 하지 못하고, 곰은 삼칠일 동안 그대로 하여 여자가 되었고 환웅과 결혼하여 단군 왕검을 낳았습니다.
　단군은 즉위 후 평양성에 도읍하고 나라를 조선이라 일컬었으며 1500년 동안 나라를 다스렸습니다.

단군신화의 의의

단군신화를 통해 알 수 있는 사실 | 우리 민족의 시조는 단군 왕검이며, 고조선을 세울 당시 우리 민족은 이미 농사를 지었고 반만년의 오랜 역사를 가지고 있으며 당시 사람들의 신앙 생활이 100일 기도임을 알 수 있습니다.

단군신화의 역사적 의의 | 우리 나라의 역사가 오래 되었음을 알려주며 우리 민족은 같은 조상의 자손이라는 생각을 갖게 하고 어려움을 이겨내는 정신적인 기둥이 되어 주었습니다.

함께 익혀 둡시다 **개천절의 유래**

개천(開川)이란 '하늘이 열렸다.'는 뜻으로 건국을 의미합니다. 단군 기원 원년 음력 10월 3일에 단군이 최초의 민족 국가인 단군 조선을 건국하였음을 기리는 뜻으로 제정되었고 이러한 명절을 개천절이라 이름 짓고 시작한 것은 대종교에서 비롯되었으며, 대한 민국 임시 정부에서 전 민족적인 국경일로 정했습니다.

환웅은 인간이 되고 싶어 하는 곰과 호랑이에게 왜 백 일을 동굴 속에서 견디라고 했을까요?

동굴 속에서 쑥과 마늘로 백 일을 견디라고 한 것은 하나의 시험 과정이라고 할 수 있습니다. 판단력, 분별력, 참을성 없이 본능에 따라 행동하는 짐승으로서의 속성을 버리고 인간의 품성을 갖추는 단계로 참고 견디는 과정이 필요했던 것입니다.

Quiz 03 단군신화가 들어있는 『삼국유사』를 지은 사람은 누구입니까?

퀴즈 02 정답 : 신석기 혁명

역사의 문을 열다

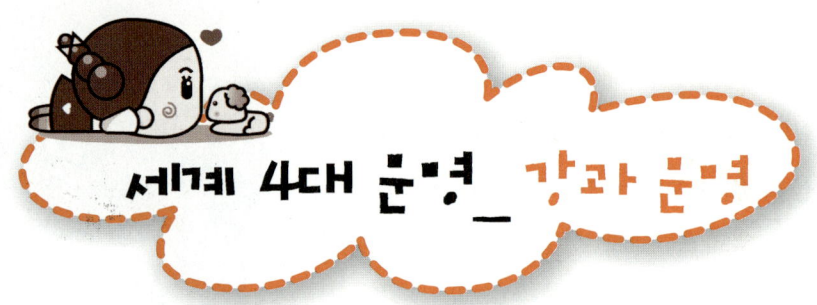

세계 4대 문명_강과 문명

　세계 4대 문명은 황하 문명, 메소포타미아 문명, 인더스 문명, 이집트 문명을 말합니다. 4대 문명의 발상지들은 모두 북반구에 위치하고 큰 강을 끼고 있으며, 또한 대부분이 기후가 온화하고 기름진 토지를 지닌 지역들이었습니다.

　인더스 문명은 B.C. 3000년 중엽부터 약 1000년 동안 인더스 강 유역에서 청동기를 바탕으로 번영한 고대 문명으로 대표적 유적은 당시의 2대 도시였던 하라파와 모헨조다로입니다.

　이집트 문명은 나일 강 하류의 비옥한 토지에서 이루어졌습니다. 이집트는 지리적 위치가 폐쇄적이어서 메소포타미아 문명에 비해 정치·문화적 색채가 단조로우나 2000년 동안 고유 문화를 간직할 수 있었고, 태양력·기하학·건축술·천문학이 발달하였습니다.

　황하 문명은 중국 황하강 중류, 하류 지역에서 발생한 문명으로 B.C. 5000년~4000년경부터 신석기 문화가 이루어졌으며, 좁쌀·기장 등이 재배되고 개·돼지 등도 사육되었습니다.

　메소포타미아 문명은 티그리스 강, 유프라테스 강 유역에서 발달하였는데 '메소포타미아'는 '두 강 사이의 땅'이란 뜻입니다. 바빌로니아·아시리아 문명을 가리

키나 넓게는 서남 아시아 전체의 고대 문명을 말하는 경우도 있습니다.

함께 익혀 둡시다 **큰 강과 문명의 발달**

문명은 농업 혁명과 함께 시작되었다고 합니다. 그럼 큰 강가에서 문명이 발달한 이유는 무엇일까요? 농사짓기가 발달했다는 점을 들 수 있습니다. 비가 많이 와서 홍수가 나면 강물에 휩쓸려 떠내려온 흙이 강 주변에 쌓이겠지요? 그런 곳은 토질이 비옥해서 농사가 잘 되었습니다. 농사가 잘 되니 먹을 것이 많아지고 생활에 여유가 생겼을 것입니다. 그러니 다양한 문화 활동이 가능해진 것입니다.

4대 문명에서 우리가 꼭 알아야 할 것들은 무엇인가요?

- 메소포타미아 – 설형문자, 바빌론 함무라비 법전
- 이집트 – 파라오, 피라미드, 미라
- 인더스 – 도시 계획과 하수도 시설 도량형(16과 그 배수 사용)
- 황하 – 달력과 갑골 문자 만들어 사용

> **Quiz 04**
> 메소포타미아 문명을 지배한 민족 중 수메르 인이 만든 문자는 설형 문자로, 말랑말랑한 진흙 점토판에 갈대로 쐐기 모양의 표식을 찍어 만들었습니다. 훗날, 페니키아 인들은 이 문자를 좀더 간단하고 쉽게 고쳐 썼는데, 그것은 어떤 글자의 조상일까요?

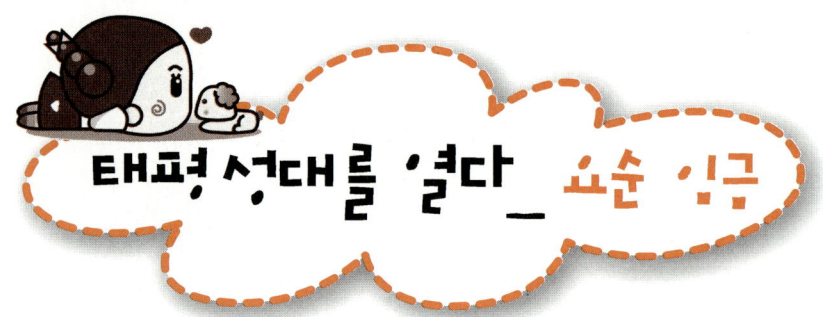

태평 성대를 열다_요순 임금

전설에 따르면 중국의 역사는 기원전 2700년 무렵 '황제'라는 인물에서 시작합니다. 그 뒤를 이어 요 임금이 나타났는데, '백성이 굶주리거나 죄를 저지른다면, 그것은 임금인 내 잘못이다.' 요 임금은 이렇게 생각하며 나라를 다스렸습니다. 나이가 들자 요 임금은 왕의 자리를 다른 사람에게 물려주고 싶었습니다. 그래서 신하들에게 물어보니 모두가 '순'이라는 사람을 추천했습니다. 순 임금도 요 임금 못지 않게 나라를 잘 다스려 두 임금 시대에는 태평 성대가 이어졌습니다. 그래서 이후 '요순'은 훌륭한 임금의 상징이 되었고, '요순 시대'라 하면 더없이 평화롭고 살기 좋은 시대를 뜻하게 되었습니다.

요 임금과 순 임금의 생애

두 사람 모두 태어난 때와 죽은 때를 알지 못합니다.

요 임금의 생애 | 전설에 따르면 그는 기원전 2300년 무렵에 활동한 인물입니다. 70년 동안 중국을 다스렸고 '단주'라는 아들이 있었지만, 순에게 황제의 자리를 물려주고 세상을 떠났습니다.

순 임금의 생애 | 어린 시절 아버지와 새어머니께 갖은 구박을 당했지만 늘 효

성을 다했습니다. 황하에 대홍수가 났을 때 '우' 라는 사람을 시켜 이를 다스리게 했습니다.

함께 익혀 둡시다 격양가

옛날 옛적 중국의 요순 시대(堯舜時代)에는 백성들 간에 널리 불려지고 퍼져 있는 격양가라는 노래가 있었다고 전합니다.
"해가 뜨면 일하고(日出而作), 해가 지면 쉬고(日入而息), 우물 파서 마시고(鑿井而飮), 밭을 갈아 먹으니(耕田而食), 임금의 덕이 내게 무슨 소용이 있으랴(帝力于我何有哉)."
왕이 있어도 없는 것처럼 느껴질 정도로 태평한 시대였다는 뜻입니다.

 요순 임금의 생활은 어떠했나요?

요 임금은 백성들과 똑같이 초가에 살면서 방안도 꾸며 놓지 않았고, 굶는 사람이 있으면 자기도 끼니를 걸렀습니다. 순은 왕이 된 후에도 새벽같이 밭에 나가 농사를 지었고 물고기를 낚았습니다. 백성들도 모두 임금을 본받아 부지런했답니다.

> **Quiz 05**
> 요순 시대에는 문화도 크게 발달하여 창힐이라는 사람이 한문 글자를 창안했고 또 오늘날 많은 사람들이 즐겨하는 □□을 만들었습니다. □□안에 들어갈 놀이는 무엇입니까?

퀴즈 04 정답 : 알파벳

역사의 문을 열다

지혜의 임금으로 불리다 _ 솔로몬 왕

메소포타미아 서쪽 유다 왕국의 솔로몬은 다윗 왕의 막내아들로 태어났습니다. 왕위에 오른 뒤 주변의 많은 나라들과 동맹을 맺었고 군사력을 튼튼히 했으며, 상업의 중심지에 식민지를 세워 무역을 발달시켰습니다. 솔로몬이 죽자 나라가 금세 어지러워져서 유다 왕국은 북쪽의 이스라엘과 남쪽의 유다로 갈라졌습니다.

아이는 하나인데

어느 날 젊은 여인 두 명이 한 아기를 데리고 솔로몬 앞에 나왔습니다. 두 여인은 데리고 나온 아기를 가리키며 서로 자기가 그 아이의 어머니라고 목청을 높였습니다. 이야기를 들은 솔로몬은 시종에게 칼을 가져오라고 했습니다.

솔로몬 : 아이는 하나인데 두 사람이 서로 어미라 하니, 아이를 둘로 잘라서 반씩 나눠 가지라.

한 여인 : (눈물을 쏟으며) 아이가 죽는 것을 차마 볼 수 없으니 다른 여자에게 주세요.

다른 여인 : (의기 양양해서) 보세요. 그 아이는 내 아이입니다.

솔로몬 : (우는 여인에게) 아이를 살리려는 것을 보니 그대가 아이의 어머니임이 분명하다. 어서 아이를 안고 돌아가라.

이렇게 해서 솔로몬은 아이의 진짜 어머니를 가려 주었습니다.

> **함께 익혀 둡시다**　**팔레스타인** ----------------------------------

역사 속 기록을 보면 '젖과 꿀이 흐르는 땅' 팔레스타인에 먼저 정착한 쪽은 유대 인이었습니다. 아랍 인들은 이보다 1600여 년이나 뒤인 A.D. 648년 이 지역에 처음 진출한 것으로 추정됩니다. 유대 인들은 이 시기에 이스라엘, 유다 왕국, 유데아 등의 왕국을 건설했고 사울, 다윗, 솔로몬 등 익히 들어온 유대 인 왕들이 이때 배출됐습니다. 하지만 유대 인들이 A.D. 70년 로마 제국에 의해 완전히 짓밟힌 이래 집단 유랑 세월을 근 2000여 년 간 했으므로 팔레스타인은 1차 세계대전 종전 이후 영국령이 되기까지 대부분의 시간을 아랍 민족의 주도권 아래 있었습니다. 그러나 이스라엘의 건국 이후 모든 것이 달라지기 시작했습니다.

 솔로몬 왕은 존경만 받았습니까?

아닙니다. 으리으리한 왕궁과 신전을 세워 수도 예루살렘은 화려해졌지만, 백성들은 높은 세금과 강제 노동에 시달려 고통을 받기도 하였습니다.

> **Quiz 06**
> 이렇게 하기도 어렵고 저렇게 하기도 어려운 문제를 현명하게 해결하는 솜씨를 일컬어 무엇이라고 합니까?

역사의 문을 열다

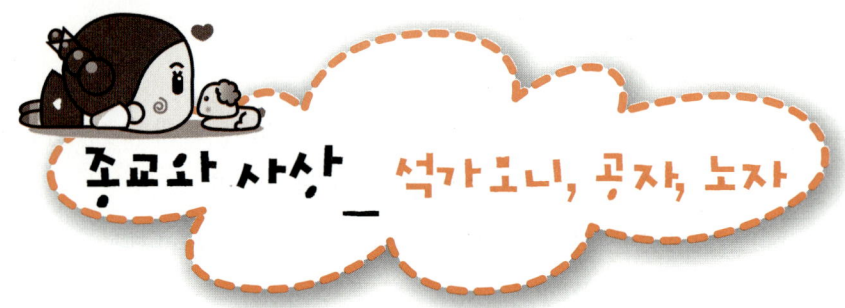

　석가모니의 본래 이름은 '싯다르타'입니다. 그는 한 나라의 왕자로 태어났지만 모든 부귀 영화를 버리고 삶의 진리를 깨우치기 위해 수행의 길을 떠나 7년 동안 인도 방방곡곡을 돌아 다녔습니다. 그러면서 무엇이 올바른 삶인지, 산다는 것의 의미가 무언지 고민하던 싯다르타는 비하르라는 곳의 어느 보리수 밑에서 마침내 진리를 깨달았습니다. 이때부터 싯다르타는 붓다라 불리게 되었습니다. 그때 인도에서는 엄격한 카스트 제도를 강요했었는데 붓다는 제일 높은 계급인 브라만 계급의 부패와 횡포를 비판했습니다. 붓다의 가르침을 믿는 불교는 세계적인 종교가 되었습니다.

중국 사상의 두 흐름, 유교와 도교

　공자 사상의 핵심은 '인' 입니다. '어질다'는 뜻인데, '인' 이 잘 나타나 있는 것이 부모에 대한 '효', 형제간의 '제' 입니다.
　'인' 을 실현하면 천하를 바로 잡을 수 있다고 공자는 생각했고, 공자의 사상을 이어받아 더욱 발전시킨 사람이 맹자입니다. 노자는 '도' 로써 세상을 바로잡아야 한다고 했습니다. '도'를 얻으려면 '무위자연'으로 돌아가야 한다고 했고, 노자의 사상을 발전시킨 사람이 장자입니다. 공자의 사상은 나중에 유교가 되고, 노자의 사상은 도교로 발전했습니다.

함께 익혀 둡시다 **카스트 제도**

카스트 제도는 인도에서만 볼 수 있는 독특한 제도로, 아리아 인이 인도를 다스리면서 만든 제도인데 사람을 네 가지 계급으로 나눕니다. 첫 번째 계급은 브라만으로 신에게 제사지내는 일을 맡아 하고, 두 번째는 크샤트리아로 정치를 맡은 왕이나 귀족들이 포함됩니다. 세 번째는 바이샤로 생산 활동을 담당하는 농민들이 해당되고, 맨 밑에 가장 천한 계급인 수드라가 있습니다.

붓다란 무슨 뜻인가요?

붓다란 '깨달은 자'란 뜻이고 부처님이란 말은 붓다에서 나왔습니다.

제자 백가란 무엇인가요?

공자가 살던 중국에는 공자 같은 사상가들이 많았는데 이들을 통틀어 제자 백가라고 했습니다. 제자 백가는 저마다 사상은 다르지만, 혼란한 중국을 바로잡겠다는 소망에서 출발했다는 점에서는 같습니다.

> **Quiz 07** 세계의 3대 종교는 무엇입니까?

　기원전 470년 그리스의 도시 국가 아테네에서 태어난 소크라테스는 날마다 아테네의 거리에서 젊은이들을 가르치기 시작했습니다. 그는 특히 '너 자신을 알라.'고 거듭 말하며, 사람들이 가진 지식이 얼마나 보잘것없는지 깨우쳐 주었습니다. 그의 모습은 거지와 다름없이 초라했지만 그의 곁에는 많은 제자가 모여들어 그는 아테네의 유명 인물이 되었습니다. 기원전 432년에서 404년 사이에 그리스의 두 강국인 아테네와 스파르타 사이에 펠레폰네소스 전쟁이 일어났습니다. 전쟁의 결과 아테네가 스파르타에 패했고 이때부터 아테네는 쇠퇴의 길을 걷기 시작했습니다.

 잘못된 법도 법이다

　기원전 399년 소크라테스는 젊은이들을 타락시키고 신들을 무시한다는 죄로 재판에 넘겨져 사형을 선고받았습니다. 친구들이 탈출 계획을 꾸몄으나 이를 거절하고 순순히 사형을 당했습니다. 이때 '잘못된 법도 법이다.'라는 유명한 말을 남겼습니다. 소크라테스가 죽은 뒤 제자 플라톤이 여러 권의 책을 써서 소크라테스의 가르침을 정리했습니다. 소크라테스의 사상은 플라톤을 거쳐 아리스토텔레스에게 이어졌고, 이를 통해 소크라테스는 서양 철학의 아버지로 우러름을 받게 되었습니다.

함께 익혀 둡시다 **함무라비 법전**

메소포타미아 지방을 최초로 통일한 함무라비 왕은 군사 정복의 업적보다도 함무라비 법전을 만든 것으로 더욱 유명합니다. 함무라비 법전은 높이 2.25m의 커다란 돌기둥에 새겨졌습니다. 돌기둥의 머리 부분에는 태양과 정의의 신 샤마스가 함무라비에게 법전을 내려주는 그림이 새겨져 있으며, 몸통 부분에는 282개에 이르는 법률 조항이 메소포타미아 지방의 쐐기 문자로 빼곡히 적혀 있습니다. 이렇게 글로 써서 확실히 정해진 법을 '성문법'이라고 합니다. 인류가 만든 법 가운데 이렇게 자세하고 짜임새 있는 내용의 성문법은 함무라비 법전이 처음이었습니다. 함무라비 법전은 '눈에는 눈, 이에는 이'라는 구절로 유명합니다.

소크라테스의 아내는 **악처**라고 합니다. 정말인가요?

네, 소크라테스의 아내 크산티페는 아내로서 남편의 말이나 행동을 전혀 이해하지 않고, 항상 남편을 경멸하여, 악처의 대명사가 되었습니다.

> **Quiz 08**
> 고대 그리스는 수많은 도시 국가로 이루어져 있습니다. 이 도시 국가들은 저마다 다른 신들을 섬기며 독특한 문화를 발전시켰습니다. 이 도시 국가를 무엇이라고 부릅니까?

퀴즈 07 정답 : 기독교, 불교, 이슬람교

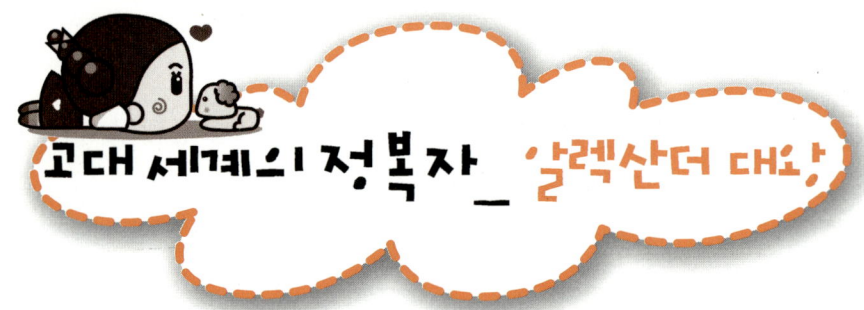
고대 세계의 정복자_ 알렉산더 대왕

그리스 바로 북쪽에 마케도니아라는 나라가 있습니다. 지금은 별로 눈에 띄지 않는 작은 나라지만 한때는 이집트와 페르시아에서 인도의 인더스 강 일대에까지 이른 광대한 제국이었습니다. 이 광대한 제국을 건설한 사람이 알렉산더입니다. 그는 기원전 356년 국왕 필리포스 2세의 아들로 태어나 기원전 323년 바빌론에서 아라비아 원정을 준비하던 중 열병에 걸려서 33세의 젊은 나이로 눈을 감았습니다.

 ## 고르디온의 매듭을 풀다

아버지의 뒤를 이어 왕이 되었을 때 알렉산더의 나이는 갓 스물이었습니다. 왕이 된 알렉산더는 벼르고 벼르던 페르시아 원정에 나섰습니다. 기원전 334년의 일입니다. 보병 3만 명, 기병 5천 명이 그를 따랐지요. 알렉산더가 군대를 이끌고 소아시아에 있는 고르디온에 이르렀을 때입니다. 그 지방에는 오래 된 전설로 신전 기둥에 아무도 풀 수 없는 매듭이 매어져 있었는데, 그 매듭을 푸는 자가 아시아를 지배한다는 전설이었습니다.

얘기를 들은 알렉산더는 어떻게 했을까요? 칼을 빼어 단숨에 매듭을 내려

쳤답니다. 결국 알렉산더는 그 칼로 지배자가 되었습니다.

함께 익혀 둡시다 **헬레니즘 문화**

알렉산더의 정복으로 서로 다른 문화를 지닌 사람들이 어울려 살고, 결혼하고 아이를 낳으면서 새로운 문화가 탄생했습니다. 그리스 문화와 페르시아 문화가 섞인 문화로 헬레니즘 문화라 부릅니다. 헬레니즘 문화의 특징으로는 세계 시민주의와 개인주의를 들 수 있는데 둘 다 폴리스라는 좁은 세계를 극복하려는 것입니다.

이집트의 수도 알렉산드리아는 알렉산더 대왕과 관계가 있나요?

알렉산더 대왕은 자신이 정복한 도시 중 몇 개 도시에는 자기 이름을 따서 알렉산드리아라는 이름을 붙여 주었는데, 지금 남아 있는 이집트의 알렉산드리아도 이 때 건설된 것으로 고대 문화의 중심지였습니다.

Quiz 09
알렉산더 대왕은 당시의 대학자인 이 사람에게 3년 동안 윤리학·철학·문학·정치학·자연과학·의학 등을 배웠습니다. 플라톤의 제자이면서 알렉산더 대왕의 스승인 이 사람은 누구입니까?

아르키메데스는 시칠리아 섬의 시라쿠사에서 태어나 젊은 시절 과학 선진국이던 이집트로 유학을 갔고 여러 가지 과학 원리를 발견했습니다.

 아르키메데스의 원리

히에론 왕이 세공인에게 순금을 주어 왕관을 만들게 했는데, 그 왕관에는 금 대신 은이 얼마간 섞여 있다는 고발이 있었습니다. 이 문제의 해결을 의뢰받은 아르키메데스는 어느 날 욕조에 들어갔다가, 욕조에 들어간 자기 몸과 같은 부피의 물이 넘쳐흐르고 몸무게도 가볍게 느껴지는 것을 발견하고는 '알았다, 알아냈어!(Heureka, Heureka!)' 하고 외치며 기쁨에 겨워 알몸으로 거리를 달려나갔다고 합니다. 그는 왕관과 같은 무게의 순금과 순은 그리고 금과 은을 섞었다는 왕관을, 물을 채운 똑같은 용기에 각각 넣어 넘쳐 나온 물의 양으로 왕관이 순금이 아님을 밝혀냈습니다. 이것이 〈아르키메데스의 원리〉입니다. 아르키메데스의 원리, 즉 부력의 법칙은 한마디로 배가 뜰 수 있는 원리입니다. 액체에 빠진 물체는 물체가 밀어낸 액체의 무게와 똑같은 힘을 수직 방향으로 받습니다. 조그만 돌멩이가 밀어내는 물의 부피는 작으므로 밀려난 물보다 무거워서 가라앉고, 이에 반해 커다란 배는 밀려난 물의 양이 매우 크기 때문에 쇠로 만들어도 뜰 수 있는 것입니다.

함께 익혀 둡시다   포에니 전쟁

포에니 전쟁은 약 120년 동안 세 번에 걸쳐 벌어졌습니다. 1차 전쟁은 '한니발 전쟁'이라고도 부르는데 한니발은 당시 카르타고 군을 이끌고 로마를 위협하던 장군이었는데 결과는 로마의 승리였습니다. 2차 포에니 전쟁 때 아르키메데스가 죽었는데 로마 군이 쳐들어왔는데도 수학 문제 푸는 데 열중하다가 그만 성난 군인의 손에 죽고 말았다고 합니다. 그 다음 기원전 149년에 있은 로마와 카르타고의 싸움이 3차 포에니 전쟁입니다. 이 전쟁으로 카르타고는 완전히 잿더미가 되어 버렸습니다.

알렉산드리아 시대의 3대 수학자는?

유클리드(유클리드 기하학), 아르키메데스(아르키메데스의 원주율), 아폴로니우스(원뿔 곡선론)

> **Quiz 10**
> 아르키메데스가 만든 전쟁 무기는 적의 배가 도시 성곽에 가까이 접근했을 때 그 배에 무거운 돌을 떨어뜨릴 수 있는 투석기와 합성 도르래 장치를 이용하여 적의 배를 물에서 끌어올리게 할 수 있는 기중기입니다. 그리고 그는 적의 배를 불태우기 위해 무엇과 무엇을 이용하였습니까?

역사의 문을 열다

퀴즈 09 정답 : 아리스토텔레스

둘째 마당

혼돈의 역사

고구려 건국_주몽

동부여의 금와왕은 사냥을 하다가 유화라는 하백의 딸을 발견했습니다. 유화는 부모의 허락 없이 해모수와 혼인을 했다가 아버지에게 버림을 받게 되었다고 하였습니다. 어느 날 유화는 큰 알을 낳게 되었고 왕은 알을 밖으로 내던져 버렸으나 알 주위를 지나는 모든 동물들이 알을 품어 주었습니다. 그리하여 알은 다시 유화에게로 돌아오고 그 알에서 한 사내아이가 태어났는데 외모가 출중하고 영특하였으며 체격도 좋았습니다. 특히 활을 아주 잘 쏘아서 그 아이 이름을 주몽이라 지었습니다(그 당시에는 활 잘 쏘는 사람을 주몽이라고 하였답니다.). 주몽이 모든 면에서 뛰어나자 금와왕의 맏아들 대소 태자는 계속 주몽을 죽이려 하였고 주몽은 오리, 마리, 협부의 세 친구와 함께 명마를 타고 부여를 떠났습니다. 그뒤를 대소 태자의 군사가 쫓아왔지만 강에서 자라와 물고기들이 다리를 만들어 주어 무사히 강을 건널 수 있었으며 드디어 졸본 부여에 도착하게 되었습니다. 졸본 부여의 왕은 주몽의 뛰어남을 알아보고 둘째 공주를 시집보내어 사위로 맞아 그의 뒤를 이어

왕이 되게 하였습니다. 그리하여 주몽은 나라 이름을 '고구려'라 하고 나라를 세우니 이때가 주몽의 나이 22살이었으며, 자신의 성을 '고'라고 지어 이름이 '고주몽'이 되었습니다. 이가 바로 동명성왕입니다.

함께 익혀 둡시다 — 고구려 멸망

만주와 한반도의 북쪽을 차지하여 드넓은 영토를 지녔을 뿐만 아니라 중국의 수와 당에 맞서 싸워 당당하게 이겼던 고구려가 멸망한 까닭은 무엇일까요? 고구려는 광개토 대왕과 장수왕 때 영토를 넓혀, 우리 역사에서 가장 크고 힘센 나라가 되었습니다. 그러나 고구려도 약점이 있었습니다. 수나라와 당나라가 계속 전쟁을 일으켜 백성들의 생활이 어려워진 데다가 지도자 연개소문이 죽자, 연개소문의 여러 아들과 아우가 서로 권력 다툼을 벌이는 바람에 어이없게 멸망하고 말았습니다.

 **부여와 고구려 시대에 한반도에는 또 어떤 나라들이 있었나요?**

한강 남쪽에는 마한, 변한, 진한의 삼한이 있었고 함경도와 강원도 북부의 동해안에는 옥저와 동예가 세워졌답니다.

> **Quiz 11** 주몽은 부여를 떠나올 때 임신한 아내에게 칼을 두 동강 내어서 증표로 주면서 "일곱 모난 돌 위 소나무 아래 둘 것이니 아들이 나거든 그 증표를 찾아서 오게 하라."고 말했고, 후에 아들이 찾아와 그가 고구려의 2대 왕이 되었습니다. 그는 누구입니까?

혼돈의 역사

만주까지 영토를 넓히다_광개토 대왕

광개토 대왕은 고구려의 소수림왕이 불교를 받아들여 왕권을 강화하고 문화를 발달시켜 중흥의 길을 걷기 시작한 374년 고국양왕의 아들로 태어났습니다. 13세에 태자가 되었고, 18세에 제19대 왕이 되었습니다. 광개토 대왕은 즉위하면서 우리 나라 최초로 영락이라는 연호를 사용하여 고구려가 중국과 대등하다는 것을 세상에 알렸습니다. 또한 영토를 넓혔을 뿐만 아니라, 사회 질서를 안정시켰고 불교를 장려하기도 했습니다. 그러나 아쉽게도 39세라는 젊은 나이에 세상을 떠나고 말았습니다.

광개토 대왕비

광개토 대왕의 업적을 기리기 위해 414년에 아들 장수왕이 세운 비석으로 높이가 6.39미터이고 당시 고구려의 수도였던 국내성 동쪽 국강상(중국 지린성 지안현)에 광개토 대왕의 무덤(능)과 함께 세워졌습니다. 비석에는 '국강상 광개토 경평안 호태왕'이라고 쓰어 있으며 마지막 세 글자를 따서 '호태왕비'라고도 합니다. 비석의 내용은 고구려의 건국 신화, 광개토 대왕과 이전의 왕들에 대한 업적, 비석을 세우게 된 경위, 광개토 대왕의 정복 활동, 왕릉의 관리 규정 등입니다.

함께 익혀 둡시다 **장수왕**

장수왕은 광개토 대왕이 요동을 정벌하던 394년 광개토 대왕의 맏아들로 태어났습니다. 장수왕은 아버지의 뜻을 받들어 중국의 진, 송, 위나라와 사신을 교환하며 국교를 맺는 등 성공적인 외교 정책을 바탕으로 서북쪽 국경을 안정시키고, 427년에는 남진 정책을 추진하기 위해 도읍을 평양으로 옮겼습니다. 이때부터 장수왕은 자주 백제와 신라의 국경을 공격하여 남쪽 영토를 넓혀갔습니다. 장수왕은 이름 그대로 99세까지 살았으며 왕의 자리에 있은 기간도 무려 79년이나 되었습니다.

고구려가 요동 지방을 차지하려한 이유는?

요동 지역은 철이 많이 날 뿐만 아니라 농경 지대였기 때문에, 이 지역 확보는 고구려 국가 발전에 중요한 밑바탕이 되기 때문입니다.

> **Quiz 12**
> 광개토 대왕릉비를 축소한 듯한 형태로서 1979년에 발견된 남한에 있는 유일한 고구려비입니다. 5세기 고구려와 신라의 관계를 밝히는 귀중한 금석문으로, 고구려왕이 신라의 왕과 신하들에게 의복을 하사하였다는 내용이 기록되어 있습니다. 충북 중원군 용전리 입석 마을에 소재한 이 비의 이름은 무엇입니까?

혼돈의 역사

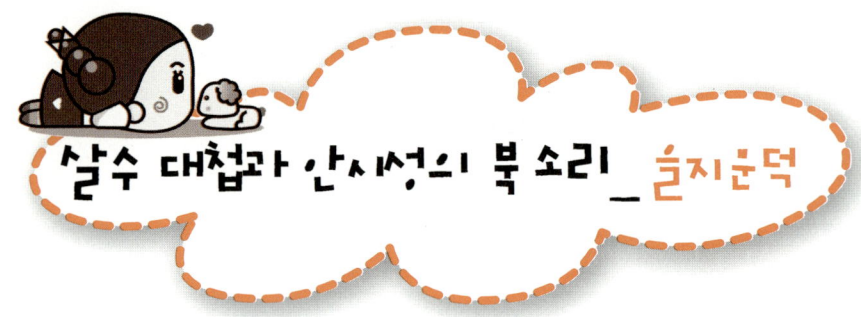
살수 대첩과 안시성의 북 소리_을지문덕

　611년 수 양제는 113만이 넘는 대군을 이끌고 온 나라의 힘을 기울여 고구려 정벌을 감행하였습니다. 수 양제는 우중문에게 30여 만의 별동대를 주어 평양성을 직접 공격하게 하였는데 이것이야말로 고구려가 바라던 바였습니다. 수나라의 대군은 살수(청천강)를 건넜습니다.

　그러나 군량미와 화살이 다 떨어져 수나라 장군들은 후퇴 명령을 내렸고 후퇴하던 수나라 군사들이 살수 중간에 이르렀을 때 을지문덕 장군의 총공격 명령이 떨어졌습니다. 모래섬으로 막아놓았던 둑을 트자 강물은 사납게 불어났고 톱니처럼 뾰족한 뗏목이 상어의 이빨처럼 수나라 군사들에게 파고들었습니다. 수나라 군사들은 을지문덕 장군의 전술에 전멸되고야 말았습니다.

안시성의 승전보

　수나라가 멸망하고 당나라가 일어난 후 당 태종은 고구려를 침입하여 요동성을 빼앗고 기세를 올리며 안시성을 향해 진격해왔습니다. 연개소문의 명령을 받은 안시성 성주 양만춘은 당나라 군과 맞서 싸웠습니다. 당나라

태종이 직접 이끌고 온 대군은 60여 일 동안 연 인원 50만 명을 동원하여 공격했으나 결국 물러설 수밖에 없었습니다.

함께 익혀 둡시다 연개소문

연개소문은 고구려의 힘이 점점 기울어 가던 무렵 연태조의 아들로 태어났습니다. 어려서부터 성격이 활달하고 큰 뜻을 품었던 연개소문은 15세 때 아버지의 뒤를 이어 동부대인 대대로가 되었습니다. 당나라의 침입에 대비하여 642년 만주의 부여성에서부터 발해만(동해)에 이르는 천리 장성을 쌓았습니다. 천리 장성을 쌓으면서 연개소문은 백성들로부터 존경을 받았고 세력이 점점 더 커졌습니다. 이에 영류왕이 연개소문을 죽이려 하였고 이를 눈치챈 연개소문은 신하들과 영류왕을 죽이고 영류왕의 뒤를 이어 보장왕을 세운 뒤 최고 벼슬인 대막리지가 되어 권력을 손에 쥐었습니다.

당나라 태종의 유언은 무엇인가요?

당 태종은 중국 역사상 제일의 명군으로 칭송되는 인물입니다. 그러나 그도 고구려 정벌에서 뼈아픈 실패를 맛보았고, 아들 고종에게 다시는 고구려를 정벌하지 말라는 유언을 남겼다고 합니다.

> **Quiz 13** 살수 대첩에서 을지문덕에게 크게 패한 당나라 장수 두 명은 누구누구입니까?

혼돈의 역사

백제 건국_온조

　주몽은 졸본 부여에 와서 둘째 공주와 결혼하여 아들 둘을 낳았는데 첫째 아들은 비류이고 둘째 아들은 온조였습니다. 한편 주몽이 북부여에서 나올 때 두고 온 예씨 부인의 아들 유리 태자가 졸본 부여에 와서 왕위를 이어받자 비류는 이 곳에 남아 있는 것이 불편할 것이라 생각하고 온조와 함께 오간, 마려 등 10여 명의 부하들과 남쪽으로 내려가 그들을 따르는 백성들과 함께 한산에 이르러 사방을 둘러보니 들이 넓고 기름져서 농사를 짓고 살기에 좋아 보였습니다. 그러나 비류는 그곳 땅이 못마땅하여 미추홀(지금의 인천 부근)로 떠났고 온조는 하남 위례성(지금의 경기도 광주 부근)에 도읍을 정하고 나라 이름을 '십제'라고 하였습니다. 이때가 기원전 18년입니다. 한편 비류가 정착한 미추홀은 토지가 습하고 물맛이 짜서 살기에 적당하지 않아 비류를 따르던 백성들이 모두 다시 위례로 돌아왔습니다. 그 후 나라 이름을 '백제'라고 고쳤습니다.

온조의 업적

　백성들의 생활 안정을 위해서 많은 애를 썼는데 신하들을 보내 농업과 양잠업을 장려하고 나라 안의 여러 요충지에 성을 쌓아 국방의 기초를 닦았으며 기원전 16년에는 말갈족을 무찔렀습니다.

함께 익혀 둡시다 — 백제 무왕

무왕은 백제 30대 왕으로 어렸을 적 이름은 서동 또는 맛둥이라고 하였는데, 그 이유는 항상 마를 캐며 생활을 하여 그렇다고 합니다. 그러다가 이웃 신라의 선화 공주가 예쁘다는 말을 듣고, 선화 공주와 결혼하기 위해 머리를 깎고 신라로 넘어가 서동요라는 거짓노래를 불러 공주를 쫓겨나게 하여, 쫓겨 가는 공주와 정을 나눠 결국은 거짓노래를 실현시켰습니다. 그런데 둘이 백제로 돌아갔을 때, 공주가 가져온 금을 보고 서동은 자기가 살던 곳에 이런 것이 많다고 하자, 선화 공주가 부모님께 이걸 보내 인정을 받자고 했습니다. 그래서 서동은 하룻밤 안에 많은 금을 신라로 보냈고 신라의 왕이 그걸 신통케 여겨 서동을 존경하게 되었답니다. 그래서 서동은 백제에서도 인심을 얻어 왕위에 올랐다고 합니다.

 온조의 성은 무엇인가요?

온조는 부여 출신이라 자신의 성을 '부여'라고 했습니다.

> **Quiz 14** 비류와 온조가 살기 좋은 땅을 찾아 나섰을 때, 신하들이 하늘이 내려 주신 땅이라고 권유한 곳은 어느 강 가까이에 있는 곳입니까?

혼돈의 역사

일본에 문화를 전파하다_근초고왕

고구려, 백제, 신라, 삼국 중에서 제일 먼저 전성기를 맞이하여 가장 영토가 넓었던 시기는 백제 제13대 근초고왕 때였습니다. 근초고왕은 바다 건너 중국과 일본과도 오가며 해상 무역을 하였습니다. 왜국(일본) 사신은 백제로 건너와 문화와 기술, 여러 가지 서적을 얻어갔고 왜국의 태자에게 글을 가르쳐 줄 스승님도 보내달라고 하였습니다. 그래서 근초고왕은 아직기와 왕인을 일본에 보내어 미개했던 일본을 깨우쳐 주었고 또 천자문과 논어를 함께 보내 유교 사상을 전파하였습니다. 일본은 백제 문화를 받아들여 고대 문화의 뿌리를 내리게 되었습니다.

아직기와 왕인

아직기 | 백제의 학자로 근초고왕 때 말 두 필을 끌고 일본에 사신으로 건너가 말 기르는 법과 말 타는 법을 가르쳤습니다. 왜왕은 아직기가 경서에 능한 것을 알고 일본 태자의 스승으로 삼았습니다.

왕인 | 백제는 3년마다 교대로 왜에 오경 박사 등을 보내 학문과 문화를 전달해 주었는데 왕인은 아직기가 임기를 마치고 돌아온 다음 왜에 간 학자입니

다. 왜왕의 요청에 따라 왜의 관리들에게 유교 경전과 역사를 가르쳤습니다.

함께 익혀 둡시다 　**호류사**

호류사는 일본의 대표적인 절로 손꼽히며 세계에서 가장 오래된 목조 건물이기도 합니다. 야마토 국(당시 일본 이름)의 건축 기술은 호류사를 지을 만큼 발달해 있지 못했습니다. 천황도 널판자 지붕에 풀로 이은 집에 살고 있었으니까요. 호류사를 직접 지은 사람들은 백제, 고구려, 신라에서 건너간 기술자들이었답니다. 호류사에 안치된 불상과 공예품은 대부분 백제에서 건너간 예술가들이 만든 것이었습니다. 그리고 호류사의 금당에 벽화를 그린 사람은 바로 고구려의 스님 담징입니다.

근초고왕의 업적은 어떤 것이 있을까요?

근초고왕은 수도를 지리적으로 중요한 한산(서울)으로 옮기고 '한성'이라 불렀으며 아들에게 왕위를 물려주는 부자 세습 제도를 확립했습니다. 또 외교력도 대단히 뛰어나 중국 동진에 사신을 보내 국교를 맺고 양자강 이남의 남조 문화를 받아들여 백제의 문화를 발전시켰습니다.

> **Quiz 15** 백제의 위대함을 알리고 국가 체제를 굳건히 하기 위해서 근초고왕이 박사 고흥에게 쓰게 한 백제의 역사서는 무엇입니까?

낙화암과 삼천 궁녀_의자왕

　백제 무왕의 맏아들인 의자왕은 어릴 때부터 효성과 형제애가 지극하여 하늘이 우리 나라에 내린 군자라는 뜻의 '해동 증자'로 불렸습니다. 의자왕은 왕위에 오른 이듬해 친히 군사를 이끌고 신라를 공격하여 40여 성을 빼앗는 등 의욕적으로 나라를 이끌었습니다. 그러나 잦은 전쟁으로 점차 국력이 약해지고 의자왕도 자만심에 빠져 차츰 방탕한 생활을 했습니다. 이처럼 나라가 혼란스러워지자 충신 성충과 흥수 등이 나서서 충언을 하였지만 의자왕은 이를 듣지 않았습니다. 때는 660년, 신라의 태종 무열왕은 김유신 장군을 총사령관으로 삼아 소정방이 이끄는 당나라 군사와 연합군을 이루어 백제를 공격했습니다. 이때 계백 장군이 결사대를 이끌고 나갔으나 결국 전멸하였습니다. 신라와 당나라의 연합군은 백제의 서울 사비성을 함락시키고 의자왕은 항복하였습니다.

낙화암과 **삼천 궁녀**

　백제가 나라를 세운 지 678년 만에 멸망하자 궁녀들은 '흉악한 적군에게 굴욕을 받으며 사는 것보다 깨끗하게 죽는 것이 옳다.'고 생각하고 높은 절벽 위에 올라 치마를 뒤집어쓰고 백마강 깊은 물에 몸을 던졌습니다. 그 모습이 마치 꽃이 떨어지는 것과 같다고 하여 그 절벽을 낙화암이라고 한답니다.

함께 익혀 둡시다 **계백장군과 관창** --------

황산벌 싸움터로 떠나는 날 아침, 계백은 가족들을 불러 모았습니다. "만약 우리가 이번 싸움에서 진다면 우리 가족은 모두 적의 노예가 될 것이다. 그렇게 부끄럽게 사느니 차라리 지금 내 손에 죽는 게 낫다." 계백은 칼을 뽑아서 아내와 자식을 죽여 우물 안에 넣었습니다. 그리고 황산벌에서 신라의 화랑 관창을 사로잡았는데 어린 나이에 나라를 위해 목숨을 아끼지 않는 용기와 충성심이 갸륵하다며 그냥 돌려보냈습니다. 하지만 관창은 다시 백제군을 향해 돌진하다가 사로잡혔고 계백은 어쩔 수 없이 관창의 목을 쳤답니다.

백제가 망한 후 **백제**를 다시 세우기 위해 노력한 사람은 누구입니까?

부여와 공주 이외의 지역에서는 백제를 다시 세우겠다는 싸움이 계속되었는데, 의자왕의 사촌 복신과 도침 스님, 흑치상지 장군 등이 앞장섰습니다.

> **Quiz 16**
> 백제의 서울인 사비성(충청남도 부여)이 나당 연합군에 포위되자 의자왕이 태자와 함께 피신한 웅진성은 지금의 어디입니까?

혼돈의 역사

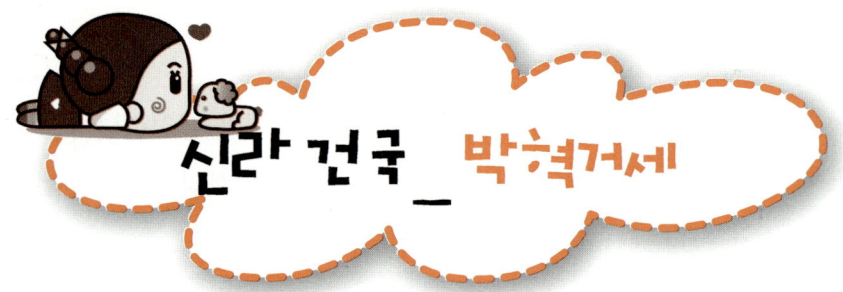
신라 건국 _ 박혁거세

　경주 지방에 6촌의 촌장들이 모여 임금님을 추대할 일을 의논하고 있을 때 양산촌 나정이라는 우물 옆 숲 속에서 오색 광채가 하늘로 뻗쳐 달려가 보니, 말이 우는 소리와 함께 큰 알 속에서 늠름한 사내 아이가 나왔습니다. 박같이 생긴 알에서 태어났으니 박씨로 정하고 빛이 세상을 비추었다는 뜻으로 이름을 '혁거세'라고 지었습니다. 바로 이 날 사량리 알영이라는 우물가에서는 계룡 한 마리가 나타나 오른편 겨드랑이 갈비뼈 밑으로 여자 아이를 낳았습니다. 얼굴은 유달리 고왔으나 입술이 닭의 부리와 같아 이를 신기하게 여긴 한 할머니가 월성 북쪽 냇가에 가서 목욕을 시켰더니 그 부리가 빠져 너무나 아름다운 여자 아이가 되었습니다. 아이 이름을 우물의 이름을 따서 '알영'이라고 하였는데 혁거세는 후에 알영과 결혼하여 신라를 다스리게 되었습니다. 6부 촌장들은 나라 이름을 '서라벌'이라 하고 임금을 '거서간'(왕 또는 귀인이라는 뜻)이라 불렀는데 이때가 혁거세 나이 13세, 기원전 57년이었습니다.

 ## 알에서 태어난 석탈해와 김알지

　석탈해는 알에서 나와 버려진 뒤 남해왕의 사위가 되고 나중에 임금으로

추대된 석씨의 시조가 되고, 김알지는 금궤에서 태어났다고 전해지는 경주 김씨의 시조입니다.

함께 익혀 둡시다 **김수로왕**

낙동강 하류의 지방 족장들이 제사를 지내고 있는데 하늘로부터 소리가 들려왔습니다. "산봉우리에 흙을 파고 거북 노래를 부르며 덩실덩실 춤을 추도록 하라. 그러면 너희들을 다스릴 왕자를 만나리라." 족장들이 백성들과 함께 노래 부르며 춤을 추자 하늘에서 여섯 개의 황금빛 알이 들어 있는 궤짝이 떨어졌습니다. 알에서 나온 아이들은 열흘이 지나자 모두 어른이 되었습니다. 이 여섯 사람 중 가장 늠름하고 총명해 보이는 청년이 보름 만에 왕이 되었습니다. 사람들은 그의 이름을 수로라 짓고, 그가 세운 나라의 이름은 가야국이라고 했답니다.

신라의 왕을 부른 호칭 변화는 어떻게 되나요?

처음에는 왕을 이사금이라고 부르다가 내물왕 때부터 마립간이라고 불렀고, 왕이라는 말을 쓰기 시작한 것은 지증왕 때부터입니다.

> **Quiz 17**
> 신라에서는 정복한 나라의 왕족이나 귀족에게 신분을 정해 주었습니다. 귀족은 성골과 진골로 나누고 다시 1두품부터 6두품까지 여섯 개의 등급으로 나누었지요. 이 신분 제도를 뭐라고 합니까?

49

혼돈의 역사

　장보고는 어릴 때 활을 잘 쏘아서 '활을 잘 쏘는 사람'이라는 뜻으로 '궁복' 또는 '궁파'라고 불렸습니다. 보잘것없는 평민 출신으로 바닷가에서 자란 장보고는 어려서부터 무예가 뛰어났고 헤엄을 잘 쳤습니다. 그 당시 장보고는 해적들이 쳐들어와 사람들을 해치는 것을 보면서 반드시 힘을 길러 해적을 무찌르리라 다짐하였습니다. 장보고는 친구 정연과 함께 당나라에 건너가 열심히 무예를 닦아 무과에 급제하여 무령군 소장에 올랐습니다. 그러던 어느 날 장보고는 신라 사람들이 해적들에게 붙잡혀 와 노예로 팔리는 비참한 광경을 보았습니다. 이에 분노한 장보고는 해적들을 소탕하고 말겠다는 결심을 하고 그 길로 벼슬을 사직하고 신라로 돌아왔습니다. 그리하여 마침내 장보고는 해적들이 그의 이름만 들어도 벌벌 떠는 해상의 제왕이 되었습니다.

장보고의 생애

828년 - 당나라 벼슬을 사직하고 귀국하여 청해진 대사가 됨.
836년 - 왕권 다툼에서 밀려난 김우징이 청해진에 피해 옴.

839년 - 김우징이 신무왕으로 즉위하자 감의 군사에 봉해짐.
840년 - 일본에 최초 무역 사절을 파견하고 당나라와도 무역을 추진함.
846년 - 조정에서 보낸 자객 염장에게 피살됨.

함께 익혀 둡시다   **신라방과 청해진**

신라방 : 당나라와 무역이 활발하던 신라 문성왕 때 중국 동해안에 신라인들이 모여 살던 마을입니다. 중국과 거래하는 상인과 유학온 승려들이 모여 자치적으로 동네를 이룬 곳으로, 중국 산둥성 문등현에 있던 것이 대표적입니다.

청해진 : 신라 때 장보고가 완도에 설치했던 해상 무역 기지입니다. 완도는 당시 신라와 당나라, 일본을 잇는 해상 교통로의 중심지였습니다. 장보고는 흥덕왕의 허락을 얻어 청해진을 세우고 군사력을 바탕으로 해적들을 물리친 뒤, 이곳을 중국과 신라, 일본을 잇는 해상 무역의 중심지로 발전시켰습니다.

장보고를 죽인 **염장**은 어떤 사람인가요?

신라 문성왕 때의 장군으로 문성왕에게 딸을 시집보내려다 귀족들의 반대로 실패한 장보고가 846년 반란을 일으키자 장보고를 죽이기 위해 거짓 항복을 하고 청해진에 들어가 장보고를 죽인 뒤 아간 벼슬에 올랐습니다.

Quiz 18 장보고가 일본과 당나라에 수출한 신라의 물건은 무엇입니까?

혼돈의 역사

퀴즈 17 정답 : 골품제

탐라국과 우산국_이사부

백제의 동성왕이 왕위에 오른 지 20년이 되는 해였습니다.

"바다 건너 탐라국이 조공을 바치지 않으니, 정벌하겠노라!"

동성왕은 탐라국을 정벌하기 위해 군사를 이끌고 무진주(광주)에 이르렀습니다. 오늘날의 제주도를 옛날에는 탐라국이라고 불렀습니다. 탐라국에서는 백제의 동성왕이 정벌하러 온다는 소문을 듣고 발칵 뒤집혔습니다. 탐라국 사신이 와서 엎드려 빌었고 백제의 동성왕은 위엄 있게 타일렀습니다.

"너희 탐라국은 우리 백제에 귀속되어 있음을 결코 잊어서는 아니 되느니라." 탐라국은 목축과 더불어 중국과 오가며 무역도 하였다고 전해 옵니다.

한편, 동해에 위치한 오늘날의 울릉도를 옛날에는 우산국이라고 불렀습니다.

신라의 이사부 장군은 나무로 만든 사자들을 뱃머리에 싣고 우산국으로 건너가 위협했습니다.

"들거라! 나는 신라의 장군 이사부다. 너희 우산국이 신라에 복종하지 않으면 이 사나운 사자들을 모두 풀어 물어 뜯게 하리라!" 우산국 백성들은 나무로 만든 사자가 살아 있는 것으로 알고 벌벌 떨었습니다. 그들의 우두머리는 백성들과 더불어 이사부 장군에게 무릎을 꿇고 항복하였습니다. 우산국은 신라 지증왕 2년에 신라에 귀속되었습니다.

함께 익혀 둡시다 **안용복**

1696년, 숙종 22년, 울릉도에 고기를 잡으러 간 안용복은 한국의 바다를 침범한 일본 어선을 발견하였고 곧바로 일본 사람들을 대상으로 한국의 바다에서 고기를 잡은 불법 행위를 강하게 항의했습니다. 더 나아가 안용복은 이런 일이 다시는 발생하지 않도록 바다 건너 일본에 가서 일본 정부를 대상으로 한국의 바다를 침입한 사실을 분명하게 항의하였고 일본 정부로부터 공식적인 사과 문서까지 받아 내었습니다. 안용복의 항의를 통해 일본 정부는 공식적으로 모든 일본인들의 한국의 바다 출입 금지를 알렸습니다. 안용복의 이 일은 민간 외교관으로서 한국인의 지혜와 용기를 전세계에 알리는 자랑스런 역사로 평가하고 있습니다.

우리 겨레의 문헌에서는 언제부터 독도가 기록되어 있나요?

고려 시대 김부식이 편찬한 삼국사기의 「신라 본기」 지증왕 13년조와 「열전」 이사부조에 오늘날 우리가 독도로 인정하는 우산도(독도)에 대한 기록이 실려있습니다.

> **Quiz 19** 이 섬은 우리나라와 일본의 중간에 있는 섬으로 거리로 보면 일본보다 우리나라에 훨씬 가깝습니다. 조선시대에 이 섬은 조선과 일본의 외교와 무역의 다리 역할을 했습니다. 이 섬의 명칭은 무엇입니까?

혼돈의 역사

화랑도를 키운 왕_진흥왕

　신라가 크게 발전하여 나라 이름을 '신라'로 정한 것은 22대 지증왕 때부터였습니다. 지증왕의 손자가 진흥왕으로 그는 7세의 어린 나이로 임금의 자리에 올랐습니다. 진흥왕은 백제 성왕과 힘을 합쳐 고구려를 쳐서 한강 유역의 땅을 얻었습니다. 또다시 백제가 차지한 땅까지 점령하여 영토를 넓혔고 낙동강 유역에 있던 대가야를 쳐서 신라에 합치기도 하였습니다. 이렇게 남북으로 영토를 넓힌 진흥왕은 거칠부를 시켜 신라의 역사인 '국사'를 편찬하도록 하였고 불교를 장려하여 신라 최대의 절인 황룡사를 창건하였습니다. 그리고 진흥왕은 대가야 출신인 우륵에게 가야금 보급과 악곡을 정리하도록 하였고, 삼국 중에서 가장 늦게 일어난 신라를 강한 나라로 만들기 위해서 화랑도를 조직하였습니다. 화랑도에는 지도자격인 화랑이 있고 그 밑에 낭도가 있습니다.

 ## 화랑

　진흥왕 때 맨 먼저 화랑이 된 사람은 설원랑이었고, 태종 무열왕 때의 김유신 장군도 화랑 출신이며 그 외에도 화랑으로 역사에 이름을 빛낸 인물로

사다함, 효종랑, 김흠춘, 죽지랑, 원술랑, 반굴, 관창 등이 있습니다.

함께 익혀 둡시다 **세속 오계**

화랑도가 지켜야 할 '세속 오계'가 있는데 큰스님 원광 법사의 가르침이었습니다.
첫째, 충성으로써 임금님을 섬길 것. 사군이충(事君以忠).
둘째, 효성으로써 부모님을 섬길 것. 사친이효(事親以孝).
셋째, 믿음으로써 벗을 사귈 것. 교우이신(交友以信).
넷째, 싸움에 나가서는 물러서지 말 것. 임전무퇴(臨戰無退).
다섯째, 살아 있는 생물을 죽이지 말 것. 살생유택(殺生有擇).
이러한 가르침을 받은 화랑도들은 나라가 평화로울 때는 학문과 무술을 닦고, 나라가 위태로움을 당할 때에는 낭도들을 이끌고 전쟁터에 나가 용감히 싸웠습니다.

 **화랑도 이전에 있었던 원화 제도는 어떻게 되었나요?**

처음 원화 두령으로 뽑힌 남모(南毛)와 준정(俊貞)은 무리를 300여 명이나 모았으나, 얼마 뒤 서로 시기하면서 화목을 잃어 해산되었습니다.

> **Quiz 20** 진흥왕이 새로 개척한 영토를 돌아보고 세운 기념비로서 창녕, 북한산, 황초령, 마운령에 561년부터 568년 사이에 세워진 비는 무엇입니까?

혼돈의 역사

퀴즈 19 정답 : 대마도

한민족의 삼국 통일_ 김유신

　김유신 장군은 우리 땅에서 당나라 세력을 몰아내기 위해 10여 년 동안이나 그들과 맞서싸우며 승리를 거듭하였습니다. 그 결과 당나라의 안동 도호부를 만주 지방으로 쫓아냈습니다. 그가 죽은 후 삼국 통일을 이룩하려고 한평생 싸움터에서 몸과 마음을 바친 장군의 공을 높여 신라 제일의 영웅인 흥무 대왕 신분을 주었습니다. 김유신의 아들인 원술랑은 아버지의 뒤를 이어 당과의 전쟁에서 큰 공을 세워 드디어 문무왕 16년 676년에 당나라 세력을 몰아내고 삼국 통일을 이루었습니다.

 명마의 목을 베다

　15세의 화랑 김유신은 어느 날 천관이라는 기생을 알게 되었는데 아는 것이 많아 김유신은 자주 그 술집에 갔습니다. 그러다가 어머니께 꾸중을 듣고 다시는 가지 않겠다고 맹세했습니다. 그러던 어느 날, 잔칫집에 가서 술이 거나하게 취하여 말을 타고 집으로 향했는데, 잠을 깨보니 천관이 있는 술집이었습니다. 말 위에서 뛰어 내린 김유신은 칼로 명마의 목을 내리쳤습니다. "주인의 뜻도 모르는 말은 탈 수가 없다." 김유신은 천관을 돌아보지도 않고 집으로 향했습니다.

 **김춘추**

태종 무열왕 김춘추는 654년 김유신과 알천의 도움으로 왕위에 올랐고 왕비는 김유신의 동생인 문명 부인입니다. 태종 무열왕은 왕으로 있는 동안 신라의 왕권을 강화했습니다. 또 당나라 율령 제도를 본떠 나라의 법제를 바로잡고, 군사를 정비하는 등 국가의 기반을 다졌습니다. 신라는 태종 무열왕이 닦아 놓은 기반을 바탕으로 문무왕 때 삼국을 통일하고, 이후 120년 동안 황금기를 맞이하였습니다.

 **신라의 시대 구분을 세 가지로 나누어 부르는 이유는 무엇인가요?**

박혁거세부터 진덕 여왕까지 상대라고 부르는데 이 시대는 성골 왕족들인 박씨·석씨·김씨가 왕위를 이었고, 태종 무열왕부터 혜공왕까지 중대라고 부르는데 이 시대는 진골 왕족인 무열왕 핏줄이 왕위를 이었습니다. 끝으로 선덕 여왕부터 마지막 왕인 경순왕까지 하대라고 부르는데 여러 귀족들과 내물왕의 핏줄들이 왕위를 이었습니다.

> **Quiz 21** 신라의 여왕 3명은 누구입니까?

혼돈의 역사

퀴즈 20 정답 : 진흥왕 순수비

갈라진 후삼국_견훤, 궁예

후삼국은 10세기 초 망해가는 신라와 새로 일어난 후백제, 후고구려를 말합니다.

신라는 9세기 말에 와서 화랑 정신도 퇴색하였고 골품제 역시 의미가 없어졌습니다. 왕권의 권위는 궁예, 견훤, 왕건 등 호족에 의해 땅에 떨어졌고 중앙 귀족은 방탕해지고 국가 재정은 궁핍해졌습니다. 이때 지방 세력인 호족이 일어나 중앙 정부에 도전하였습니다. 호족의 세력이 점차 강화되자 스스로 성주나 장군이라 부르면서 사병, 토지, 노비를 과다하게 소유함으로써 그 권력이 크게 신장하였습니다. 그들은 지방의 행정권, 군사권, 징세권 등을 손아귀에 넣어 더욱 힘이 강화되었는데 그 대표적인 인물이 견훤과 궁예였습니다. 이들은 백제, 고구려를 부흥시킨다는 명분 하에 망해 가는 신라에 저항하고 각기 나라를 세웠습니다.

견훤은 완산주에서 후백제(900년)를 세우고 전라, 충청 일대를 지배하였으며 궁예는 신라 후예로, 철원에서 후고구려(901년)를 세웠고 뒤에 태봉이라 했습니다. 두 호족의 세력이 커가자 신라 영역은 경주 일대로 좁혀져 멸망 직전까지 몰렸습니다. 이런 위협적인 시기에 후삼국은 호족 출신의 왕건에 의해 918년에 세워진 고려에 흡수되었습니다.

함께 익혀 둡시다　**견원과 궁예** --------------------------------------

견원 – 어릴 때 호랑이의 젖을 먹고 자랐다는 견원은 후백제를 세운 뒤 모든 관서를 설치하고 나라의 기틀을 갖추었습니다. 그 후 견원은 넷째 아들 금강에게 왕위를 물려주려고 했는데 맏아들 신검이 이에 불만을 품고 935년 반란을 일으켜 금산사에 갇혔는데 가까스로 탈출하여 왕건에게 항복하였습니다.

궁예 – 신라 헌안왕 때 한 후궁이 아기를 낳았는데, 나중에 나라에 해를 끼칠 아이라 하여, 죽이라는 왕의 명령을 받은 왕의 사자가 아기를 다락 위에서 던졌는데 때마침 유모가 아기를 받다가 유모의 손가락이 아기의 눈을 찔러 애꾸눈이 되었습니다. 이 아기가 바로 궁예입니다.

 **궁예는 왕으로서 어떤 평가를 받나요?**

　백성들에게 많은 세금을 거둬들이고 궁궐을 크게 짓는 등 가혹한 수탈을 일삼았으며 말년에는 스스로를 미륵 부처라 하고 부인과 두 아들을 죽이는 등 포악한 정치를 하여 왕으로서의 자질이 부족했습니다.

Quiz 22 지방에서 재산이 많고 세력이 강한 집안을 무엇이라고 했습니까?

퀴즈 21 정답 : 제 27대 선덕 여왕, 제 28대 진덕 여왕, 제 51대 진성 여왕

혼돈의 역사

해동 성국_대조영

　발해는 698년에서 926년까지 228년 동안 한반도의 북부 지방에서 만주 벌판에 이르는 고구려의 옛 땅에 있었던 큰 나라입니다. 백성 가운데 말갈 사람도 있었지만, 고구려 유민들이 중심이 되어 나라를 세웠기 때문에 고구려를 이어받았다는 생각이 매우 강하였습니다. 일본과의 외교 문서에 '고구려왕'이라는 말을 자주 쓰고 있는 것만 보아도 발해 사람들이 고구려의 계승자라는 자부심을 느끼고 있었음을 알 수 있습니다. 발해는 당을 먼저 공격할 만큼 강한 나라였고 그리하여 이웃 나라로부터 '해동 성국(바다 동쪽에 있는 융성한 나라)'이라고 불리었습니다. 그러다가 거란의 침략을 받아 멸망함으로써 고조선, 부여, 고구려의 땅이었던 드넓은 만주 벌판은 영영 남의 땅이 되어 버리고 말았습니다.

 **대조영**

　668년 고구려를 멸망시킨 당나라는 고구려 유민들이 나라를 되찾기 위해 난을 일으킬 것을 대비해 고구려 유민들을 요하 서쪽으로 이주시켰습니다. 이때 대조영도 옮겨 가서 살았습니다. 당나라가 지나치게 고구려 유민을 억

누르는 정책을 펼치자 유민들은 대조영을 중심으로 뭉쳤습니다. 698년 대조영은 고구려와 말갈의 유민들을 중심으로 지금의 만주 길림성에 나라를 세웠습니다.

함께 익혀 둡시다 발해의 문화

발해의 수도였던 상경에서 발굴된 불상, 석등, 온돌 시설, 연꽃 무늬의 와당 등을 살펴보면 직선적이고 패기가 넘치던 고구려 미술이 어느 정도 부드러워지면서도 웅장한 기품을 나타내고 아울러 독특한 소박성을 나타내는 수준 높은 문화임을 알 수 있습니다. 특히 발해의 자기는 가볍고 투명한 빛깔이 있어 당나라에 수출되기도 하였습니다. 또한 주자감이라는 국립 대학을 세워 학문을 장려하였으며 국립 도서관인 문적원을 두어 책을 출판하고 보관하였습니다.

말갈족이란 어떤 민족을 뜻하나요?

중국 역사 책과 삼국사기에 나오는 물길족을 말합니다. 삼국 시대에는 고구려에 속했으나, 고구려가 망하자 발해에 속했습니다. 발해가 망한 뒤에는 거란에 속해 있다가 여진으로 바뀌었고, 만주의 송화강 동쪽과 강원도 북부 지역에 살았습니다.

> **Quiz 23** 발해가 신라와 당나라에 맞서기 위해 친하게 지낸 나라는 어디와 어디입니까?

혼돈의 역사

만리장성_시황제

기원전 770년부터 기원전 221년까지 500년이 넘는 세월 동안 중국은 '춘추 전국 시대'라는 기나긴 혼란을 겪었습니다. 그러던 중 수많은 나라 가운데 진나라가 우뚝 일어서서 오랜 혼란을 끝내고 중국을 하나로 통일했습니다. 중국을 통일한 진나라의 시황제는 확고한 통치 제도로 나라의 질서를 엄격하게 세웠습니다. 그런 뒤에는 외적의 침입을 막기 위해 '만리 장성'이라는 어마어마하게 긴 성을 쌓았습니다. 만리 장성은 춘추 전국 시대에 여러 나라가 쌓았던 것을 연결한 것이지만, 그것만으로도 엄청난 공사였습니다. 시황제는 자신이 머물 호화로운 궁전 '아방궁'과 죽은 뒤에 묻힐 거대한 무덤도 짓게 했습니다. 시황제의 위세는 하늘을 찔렀고, 그에 반대하는 사람은 무조건 죽임을 당했습니다.

 ## 시황제

시황제는 유교를 공부하는 유학자들이 아주 못마땅했습니다. 그들은 요순 임금이 어땠고, 공자와 맹자가 어쨌고 하면서 시황제의 심기를 건드렸기 때문입

니다. 그래서 시황제는 진나라 역사에 관한 책, 의약과 농사에 관한 책, 점을 치는 책 외의 모든 책들을 불태우도록 명령했고 '죽지 않게 해 주는 신비의 약'을 구하기 위해 3천 명의 소년소녀들을 동해 바다로 보내기도 했습니다.

함께 익혀 둡시다   **한나라** -----------------------------------

진시황이 죽자 중국은 다시 혼란에 빠졌습니다. 이 때 등장한 인물이 항우와 유방인데, 항우를 이긴 유방은 황제가 되었습니다. 그리고 나라 이름을 한이라 했습니다. 한나라에 이르러 중국 문화의 기틀이 잡혔다고 하는데 중국인을 한족이라 하고 중국 문자를 한자라고 하는 까닭도 여기에 있습니다. 한나라 때는 흉노족이 가장 골칫거리였는데 이 흉노족을 물리치려는 한나라 무제의 노력이 낳은 뜻밖의 결과가 바로 실크 로드입니다. 비단길이라고 불린 까닭은 이 길을 통해 중국의 비단이 로마로 하도 많이 들어가서 로마 경제가 위태로울 지경이 되었기 때문이랍니다.

진나라를 왜 **중국 최초**의 통일 국가라고 하나요?

진나라의 영토가 이전의 하, 은, 주나라보다 훨씬 넓다는 것 말고도 중앙의 정치력이 지방까지 미치는 최초의 중앙 집권 국가였기 때문입니다.

> **Quiz 24** 시황제는 강력한 통치 질서를 잡으려고 백성들에게 가혹한 일을 많이 저질렀는데, 그 중 책을 불사르고 유학자를 땅 속에 묻은 일은 가장 가혹한 일이었습니다. 이 사건을 무엇이라고 부릅니까?

혼돈의 역사

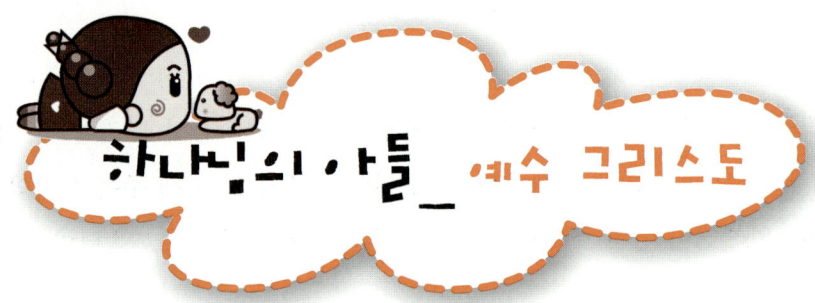
하나님의 아들_예수 그리스도

　30살이 될 무렵 광야를 떠돌던 예수는 하나님의 계시를 통해 자신이 이 땅을 구원하기 위해 하나님이 보낸 자라는 사실을 깨달았다고 합니다. 그 후 예수는 갈릴리 지방을 돌아다니며 사람들을 가르치기 시작했는데, 아주 짧은 기간 동안 많은 사람들의 마음을 파고들었습니다. 시간이 갈수록 예수의 가르침을 따르는 사람들이 늘어나 왕과 중류 지식인층들은 예수를 위험 인물로 여기게 되었습니다. 그래서 예수의 제자인 유다를 매수하여 예수를 로마에 반역한 정치범으로 몰아 결국 예수는 십자가형을 선고받아 숨을 거두었습니다.

그리스도 교

　그리스도 교에서는 예수의 죽음이 이 세상 사람들의 죄를 씻어 주기 위해 예정되었던 일이라고 가르칩니다. 그리스도 교를 용서와 사랑이 가득한 종교라고 하는 것은 예수의 가르침과 함께 바로 이러한 그의 죽음 때문입니다.

그리스도 교는 313년 콘스탄티누스 황제가 공인하고, 391년 테오도시우스 황제는 그리스도 교를 국교로 삼고 다른 종교를 모두 금지시켰습니다.

함께 익혀 둡시다 **이슬람 교**

이슬람 교는 그리스도 교와 마찬가지로 신은 '알라신' 하나뿐이라는 유일신 사상을 바탕으로 하고 있습니다. 마호메트가 살아 있을 때 이슬람 교는 이미 아라비아 전체에 퍼졌습니다. 그 후 마호메트의 추종자들은 '칼리프'라는 이름으로 불리며, 아라비아의 정치와 종교 생활을 모두 장악했습니다. 이들의 정복 활동에 따라 이슬람 교는 스페인 남부에서 서북 인도를 지나 중앙 아시아 및 동남 아시아에까지 이르는 광대한 지역에 퍼지게 되었습니다. 신자들은 경전인 『코란』을 늘 암송하고, 하루에 다섯 번씩 메카를 향해 절을 하며 1년에 한 달 동안은 해가 떠 있을 때 아무것도 먹지 않는 등 엄격한 종교 생활을 하는 것으로 유명합니다.

왜 예수는 십자가에 못박혀 돌아가셨나요?

오늘날 기독교의 상징으로 알려진 십자가는 본래 로마 시대 이전부터 사형수를 처형하던 형틀이었습니다. 그런데 예수가 못박혀 죽은 후 십자가는 사형 도구로 쓰이지 않게 되었습니다.

Quiz 25 서양에서는 무엇을 기준으로 기원전, 기원후라고 하나요?

혼돈의 역사

퀴즈 24 정답 : 분서 갱유

역사의 아버지_사마천

사마천은 기원전 145년 무렵 사마담의 아들로 태어났습니다. 사마담은 중국의 역사를 쓰겠다는 뜻을 품었지만, 이루지 못했습니다. 그래서 아들에게 중국의 역사를 쓰라는 유언을 남겼습니다. 사마천은 아버지의 뜻을 받들어 역사를 쓰기 위해 많은 자료를 모아 갔습니다. 기원전 105년 무렵부터 『사기』를 쓰기 시작했고 기원전 99년 이릉 장군이 흉노족에게 항복했을 때, 그를 옹호하다가 궁형을 받았습니다. 벼슬에서 물러난 뒤 본격적으로 쓰는 데 몰두하였고 기원전 90년에 완성하였습니다.

 ## 사기

문명이 점점 발달하자 사람들은 실제로 일어난 일을 정확하게 기록하는 일이 중요하다는 것을 깨닫게 되었습니다. 중국에서 이러한 역사책은 진나라 때 처음 등장했다고 합니다. 하지만 오늘날 남아 있는 중국 역사책 가운데 가장 오래된 것은 사마천이 지은 『사기』입니다. 그 책은 중국 역사가 시작되었을 때부터 사마천이 살던 시기까지 중국과 주변 나라들에서 벌어진

일들을 기록하고 있는데, 가장 오래된 역사책이라는 점에서 뿐만 아니라 과거의 복잡한 사건들을 체계적으로 잘 정리해 놓았다는 점에서도 높이 평가를 받고 있습니다.

함께 익혀 둡시다 — **한서**

전 120권의 역사책으로 후한의 반고(32~92)가 완성했습니다. 반고의 아버지 반표는 사마천의 『사기』가 한무제 때까지만 기록되어 있고, 그 뒤의 일을 쓴 유향, 유흠, 양웅 등의 역사책이 왕망 정권에 아첨하여 곡필한 것을 유감으로 여겨 직접 사료를 찾아 『사기』 이후의 한나라 역사인 『후전(後傳)』 65편을 저술했습니다. 반고는 아버지의 뜻을 이어받아 이 책을 더욱 정비함과 아울러 『사기』의 기록을 토대로 무제 이전의 한나라 역사를 덧붙였고, 한고조로부터 왕망 정권의 멸망에 이르는 230년간 (B.C. 206~A.D. 24)의 역사를 기록했습니다.

동양에서는 사마천을 역사의 아버지라고 부르는데, 서양 역사의 아버지는 누구인가요?

고대 그리스에서 역사 기록을 하기 시작하여 헤로도토스라는 역사학자는 그리스와 페르시아가 벌인 전쟁 이야기를 담은 『역사』라는 책을 썼는데, 서양에서는 헤로도토스를 '역사의 아버지'로 우러르고 있습니다.

Quiz 26 사마천이 죄를 지어 받은 궁형은 어떤 형벌입니까?

카이사르는 로마 공화정 말기의 장군이며 정치가로서 서양사에 커다란 영향을 끼친 사람입니다. 로마를 지배하던 술라가 죽은 뒤 로마 최고의 관직이던 집정관으로 뽑혀 폼페이우스, 크라수스와 '삼두 정치'를 했습니다. 기원전 58년 로마의 식민지였던 갈리아(오늘날 프랑스)의 총독으로 가서 10년 동안 주변의 수많은 민족을 정복하여 로마의 영토를 크게 넓혔고 로마의 문화를 전파하였습니다.

주사위는 던져졌다!

폼페이우스는 카이사르의 명성을 시기하여 원로원과 손잡고 카이사르를 제거하려고 갈리아에 있는 그에게 로마로 돌아오라고 했습니다. 그는 대군을 이끌고 로마와 갈리아 사이에 있는 루비콘 강에 도달하였는데, 당시 로마의 국법으로는 군대를 해산하지 않고 이 강을 건너면 반역자로 보게 되어 있었습니다. 강을 바라보던 카이사르는 '주사위는 던져졌다!'고 말하며 대군을 이끌고 강을 건너 로마로 진격하여 패주하는 폼페이우스를 뒤쫓아 이집트로 갔습니다. 그곳에서 알렉산드리아 전쟁을 승리로 이끌고 클레오파트라를 이집트의 여왕으로 앉혔습니다.

 **클레오파트라**

기원전 69년 이집트 왕의 딸로 태어나 기원전 51년 왕이 되었고, 기원전 48년 이집트를 찾아온 로마의 카이사르와 동맹을 맺어 왕권을 크게 키웠습니다. 카이사르가 암살된 뒤 후계자로 떠오르던 안토니우스를 만났습니다. 이때 안토니우스는 클레오파트라의 아름다움에 반해 아내를 버리고 클레오파트라와 결혼했습니다. 기원전 31년 안토니우스, 클레오파트라 연합 군대와 옥타비아누스가 이끄는 로마 군대가 악티움 앞바다에서 전쟁을 벌였고 옥타비아누스가 승리하였습니다. 안토니우스는 곧 자살했고, 기원전 30년 클레오파트라도 코브라에게 물려 자살했습니다.

 고대 로마는 어떤 나라인가요?

고대 서양 최대의 제국 로마는 늑대들 틈에서 자라난 영웅 로물루스에 의해 세워진 작은 도시 국가였는데 그 뒤 카르타고 및 마케도니아와 벌인 전쟁에서 연달아 승리하자, 로마는 지중해 세계를 장악한 대제국이 되었습니다.

Quiz 27 기원전 47년에 소아시아의 파르나케스가 로마를 배반하자 카이사르는 곧 진격하여 젤라라는 곳에서 격파한 후, 원로원에 단 세 마디로 된 승전 보고서를 보냈습니다. 세 마디는 무엇인가요?

혼돈의 역사

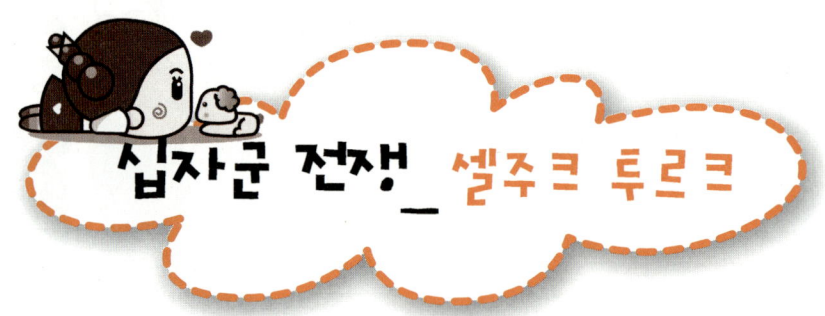

십자군 전쟁_셀주크 투르크

　11세기 말에서 13세기 말 사이에 서유럽의 그리스도 교도들이 성지 팔레스티나와 성도 예루살렘을 이슬람 교도들로부터 탈환하기 위해 전후 8회에 걸쳐 감행한 대원정입니다. 이에 참가한 기사들이 가슴과 어깨에 십자가 표시를 했기 때문에 이 원정을 십자군 원정이라 부릅니다. 십자군에게서 종교적 요인을 강하게 느끼게 되는 것은 그리스도 교도와 이슬람 교도와의 싸움이라는 점에서 당연합니다. 그러나 이것을 간단히 종교 운동이라고 단정 지을 수는 없습니다. 봉건 영주 특히 하급 기사들은 새로운 영토 지배의 야망에서 상인들은 경제적 이익에 대한 욕망에서 또한 농민들은 봉건 사회의 중압으로부터 벗어나려는 희망에서 저마다 원정에 가담하였습니다. 그밖에 여기에는 호기심·모험심·약탈욕 등 잡다한 동기가 신앙적 정열과 합쳐져 있었습니다.

 **잔인한 십자군**

　여덟 번에 걸친 십자군 파견 중에서 성지 탈환에 성공한 건 1차 십자군뿐이었고, 예루살렘을 정복한 1차 십자군은 이슬람 교도들이면 남녀 노소를

가리지 않고 모조리 죽였습니다. 십자군 전쟁은 결국 실패로 끝나고 영주와 기사들이 경제적으로 몰락하면서 힘이 약해지고 왕과 상인들의 힘이 아주 세어졌습니다.

함께 익혀 둡시다 **셀주크 투르크**

십자군 전쟁 무렵, 아랍 제국은 사정이 어땠을까요? 아랍 제국의 수도는 바그다드였고 칼리프가 다스리고 있었는데 이 때의 칼리프는 아무 힘없는 이름뿐인 우두머리였고, 이 때 바그다드의 진짜 주인은 투르크였습니다. 투르크의 한 파인 셀주크 투르크가 권력을 차지하고 콘스탄티노플까지 공격했습니다. 허수아비나 다름없던 칼리프는 셀주크 투르크 족장에게 술탄이라는 칭호를 주었고 그래서 술탄이 나라를 다스리게 되었습니다. 십자군이 싸운 상대는 바로 술탄과 그 부하들이었답니다.

십자군 전쟁의 **좋은 영향**은 무엇인가요?

십자군 전쟁은 먼 거리 무역이나 상업 통로의 발달을 이끌었고, 이슬람 세계의 앞선 과학 기술과 지식이 전해지는 계기가 되었습니다. 뿐만 아니라 서유럽 사람들은 더 이상 교회와 교황을 절대적으로 믿지 않게 되었고, 그에 따라 막강했던 교회와 교황의 권위가 많이 약해졌습니다.

Quiz 28 맨 처음 십자군을 주창한 교황은 누구입니까?

혼돈의 역사

초원의 황제_칭기즈 칸

　1155년 몽골 족의 한 부족인 보르지긴 족 족장의 아들로 태어났으며 본래 이름은 '테무친'입니다. 9세 때 아버지가 이웃 족장에게 살해되었고 그 후 테무친은 극심한 가난 속에서 어렵게 자랐습니다. 1185년에 작은 부족을 이끌게 된 뒤 이웃 부족들을 차례로 정복하여 군대를 키웠고 1206년까지 이어진 전쟁에서 그는 모든 몽골 부족을 정복하고 역사상 처음으로 몽골 초원 지대를 통일했습니다. 이러한 업적으로 테무친은 칭기즈 칸(전세계의 왕)이 되었습니다. 1211년 이후에는 몽골 바깥의 땅을 침략하기 시작했는데 처음에는 서하와 싸웠고 다음에는 금나라와 겨루었으며 곧이어 서아시아의 코라즘 국과도 전투를 벌였는데 대부분 승리했습니다.

몽골 제국

　중국의 북쪽에 자리잡은 몽골 땅은 춥고 비가 적어서 농사를 짓기 어려운 초원 지대입니다. 그래서 한 곳에 머물러 농사를 짓지 못하고 이리저리 옮겨 다니는 생활을 하였기 때문에 통일된 나라를 이루지 못했고 사람들의 성격도 강인하고 거칠었습니다. 칭기즈 칸은 이러한 몽골 초원 지대를 처음으로 하나의 나라로 통일했으며 그 후손들은 계속 정복 활동을 이어나가 중국 땅에 원나라를 세웠습니다.

함께 익혀 둡시다 **마르코 폴로**

마르코 폴로는 이탈리아의 베네치아 사람으로 아버지와 삼촌과 함께 원나라에 갔습니다. 원나라 황제는 마르코 폴로를 아끼고 사랑했답니다. 그는 약 17년 동안 원나라에 살았고 베네치아로 돌아올 땐 배를 타고 동남 아시아와 인도를 거쳐 떠난 지 24년 만에 고향에 돌아왔습니다. 몇 년 뒤 베네치아와 제노바 사이에 전쟁이 벌어졌고 포로가 된 마르코 폴로는 감옥에서 자신이 보고 들은 동양에 대해 얘기했습니다. 함께 갇혀 있던 사람이 그 얘기를 받아 적었고 이렇게 해서 세상에 나오게 된 책이 『동방견문록』입니다.

몽골은 우리 나라에도 세력을 끼쳤나요?

몽골의 세력은 우리 나라(당시 고려)에까지 미쳤습니다. 고려는 몽골이 처음 침략한 1231년부터 몇십 년 동안 악착같이 저항했지만, 몽골의 막강한 군사력을 이기지 못하고 1261년에 결국 무릎을 꿇고 말았습니다.

Quiz 29 몽골 사람들은 한 곳에 머물러 농사를 짓지 않고, 풀이 잘 돋아난 곳을 찾아다니며 양이나 말 등의 가축을 키우며 살았습니다. 이런 사람들을 뭐라고 합니까?

혼돈의 역사

소녀가 나라를 구하다_잔 다르크

잔 다르크는 1412년 무렵 프랑스의 한 시골 마을에서 농부의 딸로 태어났습니다. 이때 프랑스는 잉글랜드와 '백년 전쟁'이라는 기나긴 전쟁을 80년도 넘게 치르고 있는 중이었습니다. 잔 다르크는 13세 무렵부터 기도 때마다 '나가서 프랑스를 구하라.'는 하느님의 명령을 들었습니다. 이런 일이 계속되자 1429년에 잔 다르크는 샤를 왕세자를 만나러 갔습니다. 샤를 왕세자는 잔 다르크가 여러 가지 신비로운 능력을 보여 주자 그에게 군대를 내주었습니다. 그해 5월 오를레앙 전투에서 큰 승리를 거두었으나 1430년 잉글랜드 군대에 붙잡혔습니다. 1431년 잔 다르크를 둘러싸고 종교 재판이 벌어졌습니다. 재판관들은 잔 다르크가 교회를 무시했다며 불에 태워 죽이는 '화형'을 선고했고, 19세의 어린 나이에 화형을 받고 죽었습니다.

오를레앙 전투

1429년 루아르강 중류의 오를레앙 시. 영국은 이곳을 함락하면 점령지 노르망디와 귀엔을 연결시킬 수가 있었고 한편 프랑스 황태자로서는 이곳을 빼앗기면 남쪽으로 후퇴해야 할 위기에 처해 있었습니다. 이러한 존망의 위기에 선 황태자 앞에 잔 다르크가 나타나 전투를 계속하여 영국군의 요새 하나를 함락시켰으며 이것이 전세를 크게 바꾸어 영국군은 오를레앙에서 물러갔습니다.

> **함께 익혀 둡시다** **백년 전쟁**
>
> 서로 경쟁 관계가 된 잉글랜드(오늘날의 영국)와 프랑스 두 나라 왕가가 전쟁을 벌이게 되었는데, 이 전쟁이 바로 백년 전쟁입니다. 백년 전쟁은 오랜 세월 동안 복잡한 모습으로 진행되었지만 1410년 이후로는 잉글랜드가 힘을 얻어서 파리를 포함한 프랑스 땅 대부분을 차지했습니다. 이러한 흐름을 뒤바꾼 사람이 잔 다르크입니다. 잔 다르크가 나타나 오를레앙에서 큰 승리를 거두자 전쟁은 프랑스 쪽으로 기울기 시작했고, 잉글랜드 군대는 마침내 프랑스 땅에서 쫓겨났습니다.

 **옛날 잉글랜드와 프랑스의 관계는 어떠했나요?**

잉글랜드는 원래 프랑스 왕의 신하가 세운 나라였습니다. 그래서 잉글랜드 왕은 대대로 프랑스 왕의 신하였습니다. 그런데 세월이 지나면서 잉글랜드가 계속 힘을 키우자 두 나라 왕은 차츰 지위가 비슷해졌습니다.

Quiz 30 백년 전쟁을 치르면서 허물어지기 시작한 제도는 무슨 제도입니까?

셋째 마당

문화의 역사

고려의 건국_왕건

　궁예의 부하였던 왕건은 궁예를 몰아내고 후삼국을 통일하여 936년 고려를 세웠습니다. 수도는 개경(지금의 개성)에 두었습니다. 고려는 세력 있는 몇몇 귀족 집안이 정치와 사회의 중심을 이루는 귀족 사회였습니다. 노비를 비롯해서 천민은 퍽 살기 어려워서 반란을 일으키기도 했습니다. 노비 만적은 "왕후 장상의 씨가 따로 있냐."면서 봉기했습니다. 만적은 한마디로 평등 의식에 일찍 눈을 뜬 사람이 아니었나 싶습니다. 고려는 정치 사상으로는 유교를 받아들였지만 종교로는 불교를 믿었고 가난한 사람을 위한 사회 제도도 만들었으며, 과거제로 인재를 등용하였습니다.

 ## 왕건

　왕건은 895년 아버지를 따라 궁예 밑에 들어가 부하가 되었습니다. 911년 나라 이름을 '태봉'으로 고친 궁예는 나라가 커지자 점점 오만해지고 난폭해져 918년 왕건이 새로운 왕으로 추대되었습니다. 왕건은 나라 이름을 '고려'라 하고 연호를 '천수'라 정한 후 먼저 신라 말에 혼란해진 여러 제도를 바로잡고, 과도한 세금을 낮추어 민심을 바로잡는 데 힘썼습니다. 943년 왕건은

후대 왕들이 나라를 다스리는 데 본보기로 삼도록 하는 〈훈요 십조〉를 남기고 세상을 떠났습니다.

함께 익혀 둡시다   **훈요 십조** ------------------------------------

① 우리 나라의 대업은 부처님의 호위 덕분이다. 그러하니 불교를 장려하라. ② 모든 절은 도선이 도참설에 따라 개창한 것이다. 함부로 짓지 마라. ③ 왕위는 적장자에게 물려준다. ④ 거란은 짐승의 나라이므로 제도를 본받지 말라. ⑤ 평양은 우리 나라 지맥의 근본이 되니 1년에 100일은 머물도록 하라. ⑥ 연등회와 팔관회를 성대히 하라. ⑦ 신하의 의견을 존중하고 백성의 부역을 경감하라. ⑧ 차령산맥 이남과 공주강 밖은 지세가 나쁘고 인심도 그러하다. 등용하지 말라. ⑨ 제후와 관료들의 녹봉은 공평하게 하라. ⑩ 옛일을 거울 삼아 오늘을 경계하라.

신라의 **마지막 왕자**가 산으로 들어간 까닭은 무엇인가요?

경순왕의 아들은 천 년 동안 이어 온 신라가 고려에 넘어 가자 울면서 금강산에 들어가 바위 위에 집을 짓고 삼베옷을 입고 풀뿌리와 나무껍질만 먹고 살았는데 이 모습을 본 사람들이 그를 '마의 태자'라고 불렀습니다.

> **Quiz 31**
> 태조 왕건이 대구 공산 싸움에서 견훤의 후백제군에 포위되자, 김낙과 함께 왕건을 구해 내고 죽은 장군은 누구입니까?

퀴즈 40 정답 : To be, or not to be : that is the question.

문화의 역사

청자의 기품_고려의 문화

고려 문화에는 귀족 문화와 불교 문화라는 두 가지 특징이 있는데 대표적인 것이 팔만 대장경과 상감 청자입니다. 상감 청자는 중국 송나라에서 들어온 청자 기술을 발전시킨 것으로 상감이란 청자에 무늬를 새겨 넣은 우리만의 독특한 기술을 말합니다. 세계 어느 나라에도 없는 기술이지요. 속이 들여다보일 듯 맑고 그윽한 푸른 빛이 나는 고려 청자는 기품 넘치는 귀부인 같습니다. 고려 자기는 귀족 사회의 전성기인 11세기에 그 독특한 아름다움이 완성되었고, 12세기 전반에는 상감 청자로 발전하였습니다.

고려의 불교 문화

불교와 관련하여 대표적인 조형물은 부도(고승의 사리를 묻은 탑)와 철불입니다. 탑이 석가의 무덤으로 중앙 집권적인 권위를 지녔다면 부도는 승려의 무덤으로 선종의 번성에 따른 지방 세력을 상징하였습니다. 철불은 재료면에서 귀족적인 금동불과 달리 투박하고 강인한 느낌을 줍니다. 형태면에서는 인간화된 짧고 개성적인 얼굴을 가지고 있어 마치 지방 호족들의 초상을 보는 듯한 느낌을 줍니다. 그리고 광종 때의 균여는 대표적인 향가 작가로서 〈보현십원가〉 11수가 전해지는데 이 작품은 불교의 교리를 일반인들이 쉽게 알 수 있도록 향가의 형태로 표현한 것입니다.

함께 익혀 둡시다 — 고려의 멸망

우리 민족의 끈질긴 항쟁에도 불구하고 원나라는 여러 대에 걸쳐 고려의 정치를 좌지우지하였습니다. 그러나 그런 중에서도 공민왕은 반원 정책을 내세우고 혁신적인 개혁안을 제시하면서 자주적인 국가로서의 고려의 발전을 도모하였습니다. 그러나 공민왕의 개혁 정치는 공민왕이 암살됨으로써 지속되지 못하고 고려는 다시 혼란의 길을 걷게 되었습니다. 대내적으로는 권문 세가와 신흥 사대부의 대립으로, 대외적으로는 왜구와 홍건적의 계속되는 침입으로 정국은 더욱 어수선하였습니다. 이러한 상황에서 당시 왜구 토벌에 큰 공이 있었던 이성계 일파는 위화도 회군을 계기로 새로운 국가인 조선을 건국하게 되었습니다.

대각 국사 의천은 왕족이 맞나요?

네, 스님은 매우 존경을 받았기 때문에 왕족이 스님이 된 경우도 많았습니다. 의천은 문종왕의 넷째 아들로서 왕자였습니다. 그는 스님이 되어 중국 유학을 마치고 천태종이라는 불교 종파를 열었습니다.

> **Quiz 32** 화약을 발명하여 왜구를 무찌른 사람은 누구입니까?

퀴즈 31 정답 : 신숭겸

문화의 역사

팔만 대장경의 정성_산벌초

고려 시대에는 대장경을 세 번 만들었습니다. 처음 만든 것이 덕종 대부터 77년 동안 만든 초조 대장경, 두 번째가 선종과 숙종 대에 걸쳐 만든 속장경, 세 번째가 팔만 대장경입니다. 팔만 대장경은 원나라의 침입으로 초조 대장경과 속장경이 모두 불에 타 없어져 버리자 만든 것입니다. 이처럼 전쟁 중에도 팔만 대장경을 만든 까닭은 바로 불교에 대한 믿음 때문입니다. 왕실은 물론 백성들까지 불교를 열심히 믿었기 때문에 원나라의 침입을 불교의 힘으로 막아 보려는 뜻에서 만든 것입니다.

팔만 대장경 만드는 방법

'대장 도감'에서 만들었는데 먼저 나무 속의 기름 성분을 없애야 합니다. 그래서 나무를 자른 다음 바닷물에 담가 두었다가 꺼내서 다시 소금물로 쪄 냅니다. 그런 다음 몇 년 동안 말려서 다듬고 경판이 완성되면 불경을 적은 종이를 나무에 붙여서 글자 모양대로 파내었습니다. 그 다음 경판의 양쪽 끝에 나무를 대고 경판 위에 먹을 칠해 검게 만들었습니다. 마지막으로 옻칠을 하고 구리로 경판의 네 귀퉁이를 감싸 완성했습니다. 과학적이고 정성이 많이 들어가는 일이었습니다.

함께 익혀 둡시다 **삼별초**

삼별초는 본래 고려 시대 도둑을 잡기 위해 만든 야별초에서 시작된 것인데 시간이 지나면서 야별초의 인원이 늘어나자 좌별초와 우별초 둘로 나뉘었습니다. 그러다가 몽고와의 싸움에서 포로가 되었다가 도망하여 온 자들로 구성된 신의군이 만들어지면서 좌·우별초와 함께 삼별초로 된 것입니다. 삼별초는 고려 정부가 30년간 몽고에 저항하다 결국 항복을 결정하자 이에 반발하여 배중손 등을 중심으로 몽고와 고려 정부에 대항하는 반란을 일으켰답니다. 이후 삼별초는 3년간이나 진도, 제주도 등으로 근거지를 옮겨 가며 몽고군에게 끈질기게 대항하여 고려인들의 자주 정신을 널리 떨쳤습니다.

 **강감찬이 귀주 대첩에서 거란군을 물리친 특별한 비법은 무엇인가요?**

거란군이 귀주에 있을 때 갑자기 큰 비가 왔습니다. 거란 장수 소배압은 이런 날씨에 고려군이 쳐들어올 리가 없다고 마음놓고 쉬고 있을 때 강감찬이 기습 공격을 하여 이겼습니다.

> **Quiz 33**
> 최우는 몽고군은 바다 싸움에 약하기 때문에 수도를 옮기자고 강력하게 주장했습니다. 그래서 어디로 수도를 옮겼습니까?

삼국사기

『삼국사기』는 김부식이 삼국 시대의 역사를 기록한 책입니다. 인종은 이자겸의 난과 묘청의 난을 겪으며 왕실의 권위가 땅에 떨어진 것을 안타깝게 생각했습니다. 그래서 역사책을 펴내어 왕실의 권위를 높이고 백성들에게 자부심을 심어 주고 싶었습니다. 이런 사실을 잘 아는 김부식은 나라에 충성하고 부모에 효도하는 정신을 심어 주겠다며 역사책을 쓰는 일에 몰두했습니다. 김부식이 5년의 작업 끝에 탄생시킨 것이 바로『삼국사기』입니다. 현재 남아있는 역사책 중 가장 오래된 역사책이 바로『삼국사기』입니다.

삼국유사

『삼국유사』는 스님인 일연이 쓴 역사책입니다. 이 책에는 신화나 전설같이 옛날부터 전해 내려오는 여러 이야기와 기록들이 담겨져 있습니다. 그래서 똑같이 삼국 시대의 이야기를 담고 있지만 이전에 김부식이 지은『삼국

사기』와는 많이 다르답니다. 특히 『삼국유사』에는 단군 신화가 쓰여져 있습니다. 일연이 『삼국유사』에 단군 이야기를 적은 까닭은 원나라의 침략에 신음하는 백성들에게 우리 민족의 자주성과 위대함을 알리기 위해서랍니다.

함께 익혀 둡시다 삼국사기와 삼국유사의 비교

김부식은 『삼국사기』에 귀신에 관한 것이나 믿을 수 없는 것들은 기록하지 않았습니다. 『삼국유사』에는 『삼국사기』에 일부러 싣지 않았거나 별로 관심을 두지 않았던 내용들이 실려 있는데 그 예로 가야나 발해의 역사, 유명한 승려들에 관한 일화, 절이나 탑에 관한 전설 등이 실려 있습니다.

말 한마디로 80만 거란군을 물리친 사람은 누구인가요?

고려 성종 때 요나라 장수 소손녕이 쳐들어와 압록강 근처의 땅을 내놓으라고 협박을 했습니다. 이때 서희가 홀로 적진으로 들어가 소손녕에게 당당하게 말했습니다. "고려는 고구려를 이어받은 나라이고 그래서 옛 고구려의 영토인 압록강 근처 땅은 우리 땅이오."

이치에 맞는 서희의 말에 소손녕은 고개를 숙이고 물러나고 말았답니다.

> **Quiz 34** 고려 후기 공민왕 12년에 원나라에 사신으로 갔던 문익점이 붓두껍 속에 넣어 가지고 온 것은 무엇입니까?

문화의 역사

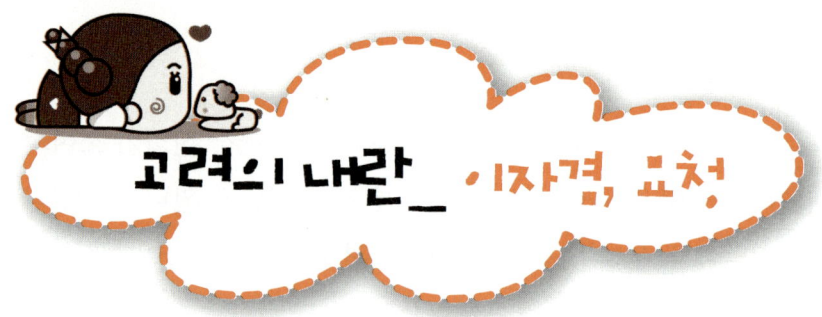

고려의 내란_이자겸, 묘청

둘째딸이 예종의 비가 된 후, 벼슬길에 오른 이자겸은 예종이 죽자 태자를 즉위시키고 왕에 버금가는 세도를 부리기 시작하였습니다. 그의 부정 부패가 극에 달하였고, 인종이 이자겸을 싫어하는 것을 알게 된 김찬이 이자겸을 귀양 보내려 하였으나, 이자겸은 척준경과 함께 군사를 일으켜 인종을 죽이려 하였습니다. 이후 척준경과 사이가 벌어졌고 왕을 죽이려고 왕실로 향한 이자겸은 척준경에 의해 체포되어 귀양 가서 죽었습니다. 이자겸의 난은 고려 인종 때 외척 세력가이던 이자겸이 왕위를 빼앗고자 일으킨 반란입니다. 이자겸의 난으로 정치 기강은 더욱 문란해졌습니다.

묘청의 난

이자겸의 난을 겪은 인종은 개경이 지긋지긋했습니다. 이때 서경의 승려인 묘청이 풍수 지리설을 내세워 수도를 옮기자고 말했습니다. 하지만 묘청의 속셈은 따로 있었습니다. 묘청은 서경으로 수도를 옮긴 후 권력을 잡고 싶었던 것입니다. 이런 속셈을 안 개경의 세력가들이 수도를 옮기는 것을 반대하자 묘청은 난을 일으켰고 많은 서경의 세력들이 묘청에 합류했지만 실패하고 말았습니다.

> **함께 익혀 둡시다** 무신의 난

1142년 인종 20년 김부식의 아들 김돈중이 불이 꺼진 어둠 속에서 무신인 정중부의 수염에 불을 붙였습니다. 그래서 뺨을 때렸는데 무신이 문신의 뺨을 쳤다고 문신들이 들고 일어났습니다. 수모를 당한 정중부의 가슴에는 증오의 불길이 타올랐습니다. 인종 다음의 왕 의종은 무신을 드러내 놓고 무시했습니다. 그러던 중 수모를 참고 견디던 정중부, 이의방, 이고 등 무신들은 문신들을 모조리 죽여 버리고 의종을 쫓아내고 새 임금을 세웠습니다. 이 사건을 '무신의 난' 이라고 부릅니다.

임금을 쫓아내고 권력을 잡은 무신들은 누구누구였나요?

무신의 난으로 처음 권력을 잡은 사람은 이의방이었는데 정중부의 아들에게 살해당했고 그 뒤 권력을 잡은 정중부가 정치를 잘못하자 경대승이라는 무신이 정중부를 죽이고 권력을 잡았습니다. 경대승이 죽은 뒤 권력을 잡은 이의민은 최충헌에게 살해되었습니다.

> **Quiz 35** 무신들이 정치를 하던 시기에는 왕의 힘은 거의 없었고 무신들의 회의에서 모든 일이 결정되었습니다. 무신들이 회의를 하는 기관을 무엇이라고 했습니까?

문화의 역사

퀴즈 34 정답 : 목화씨

활판 인쇄_구텐베르크

독일의 마인츠에서 태어난 구텐베르크는 아버지가 화폐국에서 일했기 때문에 어렸을 때부터 금속을 녹여 물건을 만드는 일에 익숙했습니다. 1430년에 금세공 기술을 배워 이때부터 금속 활자로 책을 찍어 내는 '활판 인쇄' 기술을 연구하기 시작했습니다. 1455년 평생에 걸친 연구의 성과로 「42행 성서」가 태어났습니다. 그러나 연구비를 대어 준 푸스트가 재판을 걸어 구텐베르크의 모든 인쇄 시설을 빼앗아 가 버렸습니다. 친구 후메리의 도움을 받으며 어렵게 살다가 1468년 가난과 절망 속에서 세상을 떠났습니다.

활판 인쇄술

예전의 책은 사람이 일일이 손으로 베껴 쓰거나(필사), 나무판에 글자를 새긴 후 종이에 찍어서(목판 인쇄) 만들었습니다. 그러다가 구텐베르크가 금속으로 글자 하나하나를 따로 만든 다음에 이것을 판에다 짜 넣고 한꺼번에 여러 권을 인쇄하는 기술을 발명했습니다. 이렇게 하나 하나 만든 글자를 '활자'라 하고, 활자를 박아 넣는 판을 '활판'이라고 하기 때문에 구텐베르크의 인쇄술을 활판 인쇄술이라고 부릅니다. 활판 인쇄술이 발전하면서 책이 널리 보급되자 사람들은 새로운 지식에 눈을 뜨게 되었고 그때 막 태어난 르네상스에 날개를 달아 주었습니다.

함께 익혀 둡시다 — **우리 나라의 인쇄술**

동양에서는 구텐베르크 훨씬 전에 이미 금속 활판 인쇄술이 널리 쓰이고 있었습니다. 특히 우리 나라는 구텐베르크보다 300년 이상 앞선 1100년대에 금속 활자를 만들어 썼다는 증거가 있습니다. 하지만 주로 한자를 이용한 것이었기 때문에 한자를 모르는 일반인들이 쉽게 접할 수가 없었고 많이 찍어 낼 수도 없었습니다. 그 결과 구텐베르크의 인쇄술처럼 사회적으로 큰 영향을 끼치지 못했습니다.

활자는 어떤 금속으로 만들었나요?

주석에 은을 조금 넣고 그것에 안티몬을 가한 합금이 튼튼하고 잉크의 친화력도 좋다는 것을 알게 되었습니다. 이것은 '세 원소의 합금'이라고 불리며, 지금도 활자의 재료로 쓰이는 대단한 발명이었습니다.

> **Quiz 36**
> 필사나 목판 인쇄는 책을 만들기도 어렵고 값도 몹시 비쌌기 때문에 동·서양에서는 각각 금속 활자를 개발하여 사용해 왔습니다. 한때 어느 것이 세계에서 가장 오래된 금속활자 책인가를 가지고 논쟁을 벌여왔는데 결국 세계적으로 가장 오래되었다고 인정받은 것은 무엇입니까?

르네상스의 천재_ 레오나르도 다 빈치

르네상스는 프랑스 어로 '부흥', '재생'이란 뜻입니다. 잃어버린 것, 사라져 간 것을 되살려 낸다는 뜻이지요. 중세 내내 지속되어 온 봉건 제도와 신앙이 무너져 내리자 뭔가 이상으로 삼을 만한 모범이 필요했고 사람들은 고대 그리스와 로마에서 모범을 찾으려 했습니다. 이렇게 출발하기 시작한 르네상스는 당시까지 남아 있던 고대의 문화 유산을 새로운 눈으로 바라보기 시작했습니다. 그 결과 르네상스는 고대의 부흥, 재생이 아니라 새로운 미래를 향한 운동이 되었습니다. 14세기에 이탈리아에서 시작된 르네상스는 중세 봉건 제도와 교회로부터 벗어난 '자유로운 인간'을 꿈꾸었고 인간을 중심에 놓고 생각하려는 것이 르네상스의 정신이었습니다. 그리하여 인간의 아름다움을 새롭게 발견하는 사상과 예술 작품들도 하나 둘 태어나게 되었습니다.

 레오나르도 다 빈치

다 빈치는 예술가일 뿐 아니라 과학자, 발명가이기도 했습니다. 그의 머리는 상상력으로 가득 차 자동차, 비행기, 헬리콥터, 비행선, 대포, 전차 등 현대인이 사용하는 기계들을 그는 벌써 생각해 내고 스케치까지 남겼습니다.

불후의 명작 〈최후의 만찬〉과 〈모나리자〉로 유명합니다.

함께 익혀 둡시다 — 르네상스의 예술가

르네상스의 절정기 때 위대한 예술가들을 많이 탄생시켰는데 레오나르도 다 빈치, 라파엘로, 미켈란젤로 세 사람이 손꼽힙니다. 화가이자 조각가였던 미켈란젤로는 99살까지 그림을 그렸다고 합니다. 문학 쪽은 『신곡』을 쓴 단테, 『돈키호테』를 쓴 세르반테스, 『햄릿』을 쓴 셰익스피어가 있고, 철학과 정치 사상면에는 토마스 모어의 『유토피아』, 『수상록』의 몽테뉴, 『군주론』의 마키아벨리가 있습니다. 이걸 보면 르네상스는 예술과 학문이 만발한 평화 시대 같지만 사실은 아닙니다. 르네상스는 극심한 혼란기로 당시 유럽인들은 흑사병 때문에 죽음의 공포를 맛보았고 기나긴 전쟁을 치뤘으며 대부분이 굶주림에 시달렸습니다.

 르네상스는 왜 **이탈리아에서** 시작되었습니까?

이탈리아 도시의 상인들은 동방 무역으로 막대한 부와 권력을 거머쥐었습니다. 이들에게 예술가, 학자들이 보호를 받으려고 모여들었고 상인들은 이들을 아낌없이 지지하고 후원했답니다.

> **Quiz 37** 이탈리아 피렌체의 이 집안은 피렌체 전체를 좌지우지할 정도로 막강한 힘을 갖고 르네상스를 후원했습니다. 어떤 집안입니까?

문화의 역사

유럽의 중세 때는 신에 대해 공부하는 신학이 최고의 학문으로 여겨졌고, 자연 과학은 대접을 받지 못했습니다. 하지만 르네상스가 되자 유럽 사람들은 자연 과학에도 눈을 돌리기 시작했습니다. 이때 폴란드의 천문학자였던 코페르니쿠스는 고대 그리스의 천문학 책들을 열심히 공부하며 천체를 관측하다가 놀라운 사실을 발견했습니다. 그것은 태양이 지구를 도는 것이 아니라 지구가 태양을 돈다는 것입니다.

코페르니쿠스

코페르니쿠스는 1473년 폴란드에서 태어나 1491년 대학에 입학한 뒤 천문학에 관심을 갖기 시작했습니다. 1510년대가 되자 뛰어난 천문학자로 이름을 얻었습니다. 이때 코페르니쿠스는 지구가 태양을 돈다는 믿음을 확고히 갖게 되었습니다. 1514년 자신의 견해를 담은 짧은 논문을 써서 친구들에게 돌렸고 지동설을 자세하게 설명하는 책 『천체의 회전에 대하여』를 썼으나 종교상의 이단자로 몰리는 바람에 발표를 주저하다가 이 책을 출판하여 책의 인쇄 견본이 도착하는 날 죽었습니다. 이 책은 뒤에 금서 목록에 오르고 많은 천문학자와 종교가들의 맹렬한 비판을 받았으나 케플러, 갈릴레이, 뉴턴 등의 후계자를 낳았으며 근대 과학의 기초가 되었습니다.

함께 익혀 둡시다 **우리 나라의 지동설**

서양의 과학 기술이 들어오기 전에 우리 나라에서도 지동설을 주장한 사람이 있습니다. 바로 영·정조 때의 실학자 홍대용입니다. 그는 서양 과학과 외국의 새로운 학문에 큰 관심을 갖고 연구했고 그 결과 지동설을 중국이나 일본에 앞서 동양에서 처음으로 주장하게 되었습니다. 그는 지동설과 함께 지구가 돌고 있으니 어느 한 곳이 중심일 수 없다며 중국만이 아니라 우리 나라도 중심일 수 있다고 말했고, 또 우주는 무한하며 지구 밖에 우주인과 같은 존재가 있을 것이라고 생각했습니다.

천동설과 지동설을 말해주세요

태양이 지구를 돈다는 믿음을 '천동설' 이라고 하고, 지구가 태양을 돈다는 믿음을 '지동설' 이라고 합니다. 프톨레마이오스의 『알마게스트』는 천동설의 완결판으로서 중세에 아라비아를 거쳐서 유럽에 전파되었으며, 이 체계는 15세기 코페르니쿠스의 지동설이 나타나기까지 1400년간 천문학의 절대적인 권위를 인정받았습니다.

Quiz 38 코페르니쿠스의 책을 출판하는 것을 반대한, 당시 종교 개혁을 주도한 사람은 누구입니까?

문화의 역사

지리상의 대발견_콜럼버스

마르코 폴로의 『동방 견문록』이 퍼진 뒤, 유럽 사람들은 동양에 큰 호기심을 품었습니다. 게다가 아라비아 상인들이 인도에서 들여 와 파는 후추 등의 향신료는 나날이 찾는 사람이 많아져서 가격이 끝없이 올라갔습니다. 마침내 유럽 사람들은 인도로 바로 가는 길은 없을까 고민하게 되었고 이 길을 찾는 과정에서 예전까지 모르던 땅들이 잇달아 발견되었습니다. 이것을 '지리상의 대발견'이라고 합니다. 이후 유럽 사람들은 곧 세계 곳곳에 식민지를 차지하려는 경쟁에 뛰어들었습니다.

콜럼버스

콜럼버스는 1492년 스페인 이사벨 여왕의 도움을 받아 대서양을 건너는 항해를 떠나 그해 10월 아메리카 대륙에 속한 서인도 제도의 한 섬에 도착했습니다. 그 후 콜럼버스는 세 차례에 걸쳐 다시 대서양을 건너가서 서인도 제도 이곳 저곳을 탐험했지만 기대했던 황금과 향신료가 발견되지 않자 실망하였습니다. 콜럼버스는 죽을 때까지 아시아의 인도에 도착했다고 믿었습니다. 나중에 이탈리아의 탐험가 아메리고 베스푸치가 이곳이 인도가 아니고 유럽인이 모르는 새 땅임을 알아내면서 새 땅은 그의 이름을 따서 아메리카라 불리게 되었습니다.

 **마젤란**

콜럼버스가 도착한 곳이 인도가 아니라는 사실이 밝혀지면서 에스파냐는 다시 인도 항해길을 찾아 나섰습니다. 이번엔 마젤란이 활약했습니다. 이들은 남아메리카의 리오데자네이로를 거쳐 대륙의 남쪽 끝에 이르렀습니다. 대륙의 남쪽 끝과 섬 사이로 난 좁은 물길을 헤치고 나간 이들은 그곳에 마젤란이란 이름을 붙였고 오늘날 '마젤란 해협' 이라 불리는 곳입니다. 그 후 필리핀에 상륙한 마젤란 일행과 원주민 사이에 전투가 벌어졌고 마젤란은 전사하고 말았습니다.

콜럼버스는 달걀을 **어떻게** 세울 수 있었나요?

달걀 끝을 톡 깨어 세웠습니다. 이는 방법을 알고 나면 누구라도 할 수 있지만 그 방법을 생각해 내긴 힘든 일임을 말해주는데, 이는 어떤 사람이 인도를 가는 것은 누구라도 할 수 있다고 말해서 콜럼버스가 한 행동입니다.

> **Quiz 39** 지리상의 대발견 시대를 연 두 나라는 어디와 어디입니까?

문화의 역사

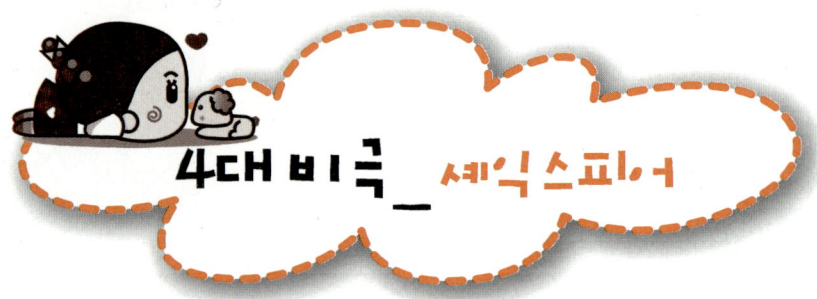
4대 비극_셰익스피어

영화나 텔레비전이 나오기 전까지 사람들이 '극'을 볼 수 있는 유일한 통로는 연극이었습니다. 고대 그리스에서는 연극이 크게 발달했습니다. 해마다 거대한 원형 극장에서 연극 경연 대회가 벌어지면 수만 명의 시민들이 모여들어 함께 울고 웃었습니다. 중세 시대에도 연극은 계속 이어졌습니다. 하지만 이때는 연극에 오직 그리스도 교의 내용만을 담아야 했습니다. 그러다 르네상스 시대가 되자 유럽 곳곳에는 종교적인 내용에서 벗어나 활기찬 연극들이 많이 나왔습니다. 이 가운데 가장 빛나는 연극 작품을 남긴 사람이 바로 셰익스피어입니다.

셰익스피어 4대 비극

1564년 영국에서 태어난 셰익스피어는 역사극, 재미난 희극, 낭만적 사랑 이야기 등 다양한 분야의 극을 썼는데 그 가운데서도 35세 이후 쓴 네 편의 비극「햄릿」,「오셀로」,「리어왕」,「맥베스」는 특히 뛰어난 작품으로 평가받아 이것들을 따로 '4대 비극'이라고 부릅니다.「로미오와 줄리엣」도 결말이 비극으로 끝나서 4대 비극의 하나로 착각하는 사람이 많지만 그 작품은 젊은 시절에 쓴 낭만적인 작품 가운데 하나입니다. 그 외 대표작으로 「한여름 밤의 꿈」, 「베니스의 상인」 등이 있습니다.

함께 익혀 둡시다 세르반테스

스페인이 낳은 최대의 작가로 꼽히는 세르반테스는 1547년에 태어났습니다. 젊은 시절 해군으로 일하며 레판토 해전이라는 유명한 전투에도 참가했고, 해적들에게 붙잡히기도 하는 등 많은 경험을 하였습니다. 1597년 여름, 세금을 받으러 다니는 일을 할 때 돈을 잘 관리하지 못했다는 이유로 감옥에 갇혔습니다. 그는 다음 해 4월까지 감옥에 있었는데, 이 때 『돈키호테』를 구상했습니다. 1605년 1부를 발표해서 뛰어난 작가로 알려지기 시작했고 1615년 2부를 발표한 뒤 1616년 세상을 떠났습니다.

 셰익스피어의 5대 희극은 무엇인가요?

셰익스피어의 5대 희극은 「한 여름밤의 꿈」, 「베니스의 상인」, 「뜻대로 하세요」, 「말괄량이 길들이기」, 「십이야」로 4대 비극과 함께 셰익스피어의 최대 걸작으로 손꼽히는 작품들입니다

> **Quiz 40** 「햄릿」 3막 1장의 독백 '죽느냐 사느냐 그것이 문제로다.'를 영어로 말해보세요.

넷째 마당

과학과 이성의 역사

조선의 건국 _ 이성계

　조선 건국의 주역들은 이성계를 비롯한 무장들과 신진 사대부들이었습니다. 신진 사대부란 지방에 적은 땅을 갖고 있는 지주로서, 성리학을 공부하여 과거 시험에 합격한, 실력으로 관리가 된 사람들을 말하는데 정도전, 조준, 권근, 남은 등이 그런 사람들입니다. 조선은 고려와 달리 성리학의 나라입니다. 성리학은 유교의 한 파인데 중국 송나라 때 학자 주희가 체계화한 학문으로 주자학 또는 송학이라고도 합니다. 삼강 오륜과 충효 사상이 성리학의 근본 윤리이고 성리학 사상을 법으로 만들어 놓은 것이 『경국대전』입니다.

이성계

　장군으로 이름을 떨치던 이성계는 위화도 회군 이후 세력을 잡더니 마침내 1392년 7월 17일 58세에 새 왕조 조선의 태조로 즉위하였습니다. 그에게는 여덟 명의 왕자가 있었는데 막내 방석을 왕세자로 정해서 다섯째 왕자인 이방원이 왕자의 난을 일으켰습니다. 이방원이 바로 조선 제3대 임금인 태종입니다. 태종은 뼈아픈 지난 날을 잊고 나라 다스리는 일에만 힘을 기울여 신분

증인 호패를 발급하고 신문고를 설치하였습니다.

함께 익혀 둡시다   위화도 회군

고려의 우왕은 이성계를 보내어 명나라를 치도록 했습니다. 요동 지방을 점령하여 옛날 넓었던 고구려의 땅을 되찾고 싶었지요. 하지만 이성계의 생각은 달랐습니다. 고려가 명나라를 치기에 힘이 약한 것 같았고, 농사철이라 군대를 동원하기도 쉽지 않다고 생각했어요. 이성계는 우왕에게 돌아가게 해 달라고 몇 번이나 청했지만 왕은 들어 주지 않았습니다. 결국 이성계는 위화도에서 군대를 돌려 개경으로 돌아왔습니다. 이성계는 이 위화도 회군에서 최영 장군을 죽이고 권력을 잡았습니다. 이 사건이 바로 이성계가 조선을 세우는 계기가 된 사건이랍니다.

 고려의 마지막 왕은 누구인가요?

공양왕입니다. 공양왕은 왕이 되고 싶은 생각이 없었는데 이성계의 뜻에 따라 왕이 되었지만 왕의 자리에서 쫓겨날 때까지 이성계의 눈치만 봤습니다. 결국 이성계에 의해 목숨을 잃고 말았습니다.

> **Quiz 41** 고려의 충신 정몽주는 새 왕조를 세우려는 이성계의 뜻에 따르지 않았습니다. 그래서 이방원이 보낸 자객에 의해 다리 위에서 죽었는데 죽은 후 그 자리에 절개를 상징하는 대나무가 솟아났다고 합니다. 이 다리의 이름은 무엇일까요?

한글은 1446년 세종 때 반포되었습니다. 집현전의 젊은 학자들과 세종이 오랜 연구 끝에 완성했지요. 한글의 정식 이름은 훈민정음입니다. '백성을 가르치는 바른 소리' 라는 뜻이지요. 훈민정음은 성리학의 민본 사상을 바탕에 깔고 있는데 민본 사상이란, 백성이 근본이라는 생각입니다. 처음에 훈민정음은 몹시 천대를 받았습니다. 궁녀나 양반 부녀자들 사이에 편지글로 쓰일 뿐, 양반 관리들은 언문이니 암클이니 하며 우습게 보면서 여전히 한문을 고집했습니다. 연산군은 아예 사용을 금지시키기도 했습니다. 왕이 정치를 잘못한다고 비판하는 글이 훈민정음으로 쓰이는 일이 잦았기 때문입니다. 훈민정음을 한글이라 부른 것은 500년쯤 뒤 우리 나라가 일본의 식민지가 되었을 때, 우리말과 우리글이 소중하다는 것을 깨닫게 되면서부터입니다.

 세종 대왕의 업적

첫째, 세제의 개혁과 노비의 지위를 개선하였고 둘째, 집현전 설치, 훈민정음 창제, 서적 편찬, 한글 서적의 간행 보급, 활자 인쇄술의 개량, 아악의 정리, 교육 제도의 정비, 과학 기구의 발명 등에 힘써 민족 문화의 발달에 힘썼고 셋째, 4군 설치, 6진 개척, 대마도 정벌, 삼포 개항 등으로 국토를 정비하고 외교를 넓혔습니다.

함께 익혀 둡시다 **사육신**

세종 대왕의 뒤를 이어 왕위에 오른 문종이 병으로 3년 만에 죽고 12세의 어린 왕자가 임금이 되니 그가 6대 임금 단종입니다. 왕이 어리니 정승들이 나라 일을 마음대로 처리한다며 수양 대군을 따르는 권남과 한명회 등은 왕을 바꾸어야 한다고 주장했습니다. 세종 대왕의 둘째 아들 수양 대군은 먼저 김종서 장군을 없애고 정승들을 차례로 죽였습니다. 이 사건을 계유정란이라고 합니다. 마침내 수양 대군은 7대 임금 세조가 되었는데 세종대왕의 은혜를 많이 입은 집현전 학사 성삼문, 박팽년, 유성원, 이개, 하위지, 유응부는 단종을 다시 왕위에 앉히기 위해 노력하다가 결국 형장의 이슬로 사라졌습니다.

 **생육신**은 어떤 사람들인가요?

죽음으로 충절을 지킨 분을 사육신이라고 한다면, 살아서 충절을 지킨 사람을 생육신이라고 합니다. 김시습, 원호, 이맹전, 남효온, 조려, 성담수는 세조의 간절한 요청을 뿌리치고 외부 세계와 단절한 채 평생을 살았습니다.

> **Quiz 42** 세종 대왕이 정인지와 권제에게 명하여 1445년 한글로 완성한, 왕실 조상의 덕을 노래한 것은 무엇입니까?

과학 기술의 발전_장영실

 기상의 변화는 농업에 큰 영향을 주기 때문에 조선 초기의 과학 기술을 선도한 것은 천문학이었습니다. 세종 대왕은 한양의 북극 고도를 표준으로 별자리를 관측하고 자주적으로 역법을 개발하라는 지시를 내렸습니다. 그 외 기상학·지리학 등 자연 과학과 인쇄 기술, 무명과 분청 사기의 대량 생산 기술 등 산업 기술도 발달했습니다.
 세종 대왕은 또 인쇄 기술을 발전시키기 위해 주자소의 장인들이 가족의 생계를 걱정하지 않도록 특별 보수를 제공하고, 철제 화포를 만들기 위해 두 왕자에게 대포의 일을 맡아 감독케 하였으며 화포 주조의 총책임자 지위를 높여주기도 했습니다.

조선의 유명한 발명가

 장영실은 노비 출신이었습니다. 하지만 어렸을 때부터 손재주가 좋아 물건들을 잘 만들어 냈습니다. 그 소문은 세종 대왕의 귀에까지 들어갔습니다. 세종은 장영실이 천한 출신임에도 불구하고 벼슬까지 주어 연구하도록 해 주었답니다. 장영실은 해시계, 물시계, 천문관측기 등 수많은 발명품들을 만들어 냈습니다. 그중에서도 가장 유명한 것은 수표와 더불어 만들어진 측우기입니다. 1441년에 만들어진 것으로 세계 최초의 우량계로서 이것으로 비와 물의 양을 재어 홍수에 대비할 수 있었답니다.

함께 익혀 둡시다 조선 후기의 과학 기술

17세기 이래 서양의 과학 기술은 그 영향을 중국에 미치고 있었고, 중국에 갔던 사신들을 통해 조선에도 미치고 있었습니다. 이익과 같이 서양 천문학을 예찬한 실학자가 있는가 하면, 동양인으로는 처음으로 분명하게 지구의 자전을 주장한 홍대용 같은 학자도 있었습니다. 박제가는 중국에서 서양 선교사들을 초빙해서 앞선 과학 기술을 배우자고 주장했고, 19세기 초에 정약용은 과학 기술 수입 담당 기관으로 이용감(利用監)을 세울 것을 주장하기도 했습니다. 이런 가운데 전통적 시계의 제작 방식에 서양식 시계 방법을 가미해서 1669년에 송이영이 만든 것이 혼천(渾天) 시계입니다.

 자격루는 무엇인가요?

자격루란 '스스로 울려 주는 물시계'라는 뜻입니다. 물을 이용하여 물이 가득 차면 스스로 소리를 내어 시각을 나타내 주었답니다. 경복궁 문지기가 그 소리를 듣고 종루에 전해 주어 큰 종을 치게 했습니다.

> **Quiz 43** 공을 반으로 잘라 놓은 듯한 반구형 안쪽 면에 선을 긋고 표시를 하여 가운데 있는 바늘의 그림자에 따라 시간을 알 수 있었던 해시계의 이름은 무엇입니까?

퀴즈 42 정답 : 용비어천가

과학과 이성의 역사

수원성을 쌓다_정약용

정조는 정약용에게 수원에 성을 쌓는 일을 연구하라는 어명을 내렸습니다. 정약용은 『기기 도설』을 읽으며 성 쌓는 법을 연구했습니다. '서양의 축성 기술을 쓰도록 하자.' 마침내 정약용은 '수원정제'라는 치밀한 설계의 성 쌓는 법을 작성하여 올렸는데, 지금의 기중기와 같은 기구(거중기)를 사용하도록 건의했습니다. 이로써 수원성 공사에는 많은 비용과 백성의 노력을 덜 수가 있었습니다.

정약용

18년간 유배 생활을 하는 동안 당시 조선 사회의 현실을 직시하고 이에 대한 분석과 비판을 가한 많은 저술을 남겨 실학 최대의 학자로 불립니다. 또 여러 제도와 개혁에도 힘써 농민들에게 땅을 골고루 나누어 주고, 노비 제도를 없앨 것을 주장했습니다. 천주교 신자였던 그는 귀양 간 강진에서 관리들이 백성을 올바르게 다스릴 수 있는 내용이 담겨 있는 『목민심서』를 썼습니다. 『경세유표』에서는 조선의 정치, 토지, 조세 제도가 중국 것을 모방하여 우리 실정에 맞지 않는다고 했습니다. 『흠흠신서』에는 형법 정신이

자세히 밝혀져 있습니다. 낡은 제도, 썩은 정치를 바로잡아서 백성들이 고루 잘 살 수 있도록 하기 위해 붓으로써 신랄하게 밝혀 놓았던 것입니다.

함께 익혀 둡시다 — 실학

실학이란 백성들이 잘살고 나라가 튼튼해지는 방법을 연구하고 실제 생활에 이용되는 학문을 말합니다. 크게 중농 학파와 중상 학파로 나뉘는데, 중농 학파는 농업 문제의 해결을 중시하는 실학자들로 유형원(반계수록), 이익(성호사설), 정약용 등이 있고 중상 학파(북학파)는 상공업을 중시했는데 유수원(우서), 홍대용, 박지원 등이 속합니다. 이 외에도 역사 연구에 안정복(동사강목), 유득공(발해고), 한치윤(해동역사), 지리 부분에 이중환(택리지), 김정호(대동여지도), 그리고 국어 연구에 신경준(훈민정음운해), 유희(언문지) 등이 대표적인 실학자들입니다.

 실학 사상은 그 후에 어떤 영향을 끼쳤나요?

갑오 농민 전쟁이나 초기 개화 사상에 영향을 주었으며, 나아가 구한말의 광무 개혁이나 애국 계몽 운동에도 학문적인 영향을 끼쳤습니다.

> **Quiz 44** 『양반전』과 『호질』이라는 소설을 지은 박지원은 청나라의 북경과 열하를 여행하고 청나라의 문물을 살펴보고 와서 이 책을 지었는데 이 책은 정치, 경제, 병사, 천문, 지리, 문학 등 여러 방면에 걸쳐 청나라의 새로운 문물을 소개하였습니다. 당시 유교 사상에 빠져 있던 유학자들에게 비난을 받은 이 책은 무엇입니까?

과학과 이성의 역사

사화와 당파_중종 반정

사림파(사학파)는 지방에 내려가 학문과 교육에 힘썼습니다. 대표적인 인물로는 정몽주, 길재, 김숙자 계통(주로 영남파)이었고 이에 반해 관학파(훈구파)는 과학에도 관심이 많고 집현전에서 배운 학자들로 정치에도 참여한 정도전, 권근, 정인지, 신숙주 등을 들 수 있습니다. 학문을 숭상하던 성종은 사림파를 많이 등용하였습니다. 훈구파가 다스리던 조정에서 그들이 권력을 독차지하는 것을 막으려고 사림파와 맞서게 되니 대립과 충돌이 일어나게 되었습니다. 마침내 연산군 때 사화라는 무서운 불길로 번지기 시작하여 명종에 이르는 약 50년 동안 무려 네 차례의 사화가 일어나게 되었습니다. 무오사화, 갑자사화, 기묘사화, 을사사화가 바로 그것인데 사화란 선비들의 모함으로 인하여 큰 화를 입는 것을 말합니다.

당파

선조가 왕위에 오른 지 8년이 되는 1557년에는 이조 정랑 벼슬을 둘러싸고 시작된 심의겸과 김효원의 대립은 당파를 만든 시초가 되었습니다. 선조 24년인 임진왜란 전 해에 이르러 동인의 온건파와 강경파가 남인·북인으로 나뉘고, 숙종 때에는 서인이 노론·소론으로 나뉘었습니다. 이들을 가리켜 사색 당파라고 하였습니다.

함께 익혀 둡시다 **중종 반정**

연산군의 사랑을 받던 장녹수는 임사홍에게서 들은 비밀을 연산군에게 알려 주었습니다. 그 비밀은 연산군의 어머니 윤씨가 왕비에서 쫓겨나고 사약을 마시고 죽은 사건이었습니다. 연산군은 폐비 윤씨 사건에 관련된 사람들을 모두 죽이는 등 잔인한 보복으로 피비린내나는 어지러운 세상이 되었습니다. 마침내 1506년 박원종 등이 중심이 된 반정군은 연산군을 폐하여 강화도 교동으로 쫓아내고 중종을 왕으로 받아들였습니다. 이를 중종 반정이라고 합니다.

사도 세자도 당파 싸움 때문에 뒤주에 갇혀 죽었나요?

네, 노론 일파는 세자를 모함하여 세자의 잘못을 10가지나 적어 왕에게 올렸어요. 세자를 폐위시켜 이득을 얻으려는 정치적 계략이었지요. 이 일로 영조는 크게 화가 나 세자 자리에서 물러나게 하고 뒤주에 가둬 죽게 하였습니다.

Quiz 45 영조가 당파 싸움을 없애려고 실시한 정책입니다. 이 정책은 노론과 소론 등 당파를 가리지 않고 능력에 따라 인재를 뽑아 쓰는 정책입니다. 무엇입니까?

과학과 이성의 역사

영국의 산업 혁명_자본주의

산업 혁명의 배경을 보면 첫째, 18세기 영국은 근대적인 산업 발전, 광대한 식민지를 상대로 한 해외 무역 활발로 자본 축적, 인구 증가로 인한 풍부한 노동력, 석탄·철 등의 지하자원 풍부, 정치적 안정과 경제 활동의 자유 보장이 되었었고 둘째, 기계 발명과 동력 개발을 들 수 있습니다. 그리하여 새로운 기계의 발명이 잇달았는데 면직물 수요 급증으로 방적기 발명이 있었고, 제임스 와트의 증기 기관 보급, 풀턴의 증기선, 스티븐슨의 증기 기관차, 모스의 유선 전신, 벨의 전화, 마르코니의 무선 전신 등을 들 수 있습니다. 산업 혁명의 영향으로 원료와 제품의 빠른 수송이 가능해졌고 국제화 시대가 개막되었습니다.

다른 나라의 산업 혁명

19세기 전반기 프랑스, 벨기에, 미국 등에서 산업 혁명이 시작되어 19세기 중엽 이후 전 유럽으로 확산되었습니다. 프랑스에서는 섬유 공업이 중점적으로 발달했고 미국에서는 면공업, 금속, 기계 공업이 발달하여 남북 전쟁 이후 자본주의가 확립되는 계기가 되었습니다.

독일은 정부의 강력한 지원하에 20세기 초 유럽 최대의 공업국으로 성장하였습니다. 19세기 후반에는 제2차 산업 혁명(화학, 전기 공업 등)이 일어나게 되었습니다.

함께 익혀 둡시다   **자본주의**

산업 혁명은 전에는 없던 새로운 질서를 만들어 냈습니다. 큰 돈을 갖고 공장이나 회사를 세워 그 주인이 된 사람들과, 공장이나 회사에서 일하면서 일한 대가를 받아 생활하는 사람들을 중심으로 하는 질서입니다. 이 새로운 질서를 자본주의라고 합니다. 공장이나 회사 주인을 자본가라 하고, 일한 대가인 임금을 받아 생활하는 사람을 노동자라고 합니다. 기계 공업에 밀려 일감을 잃은 수공업자나 가난한 농민들이 노동자가 되었습니다. 영국에서 시작된 산업 혁명은 유럽으로 퍼져 나가서 유럽 여러 나라는 제각기 산업 혁명을 치르며 자본주의 사회로 변했습니다.

산업 혁명은 무엇에서부터 시작되었나요?

산업 혁명은 옷에서부터 시작되었습니다. 정확히 말하면 면화에서 실을 뽑아 옷감을 짜는 면직물 공업에서 시작되었답니다.

Quiz 46
1814년 스티븐슨이 발명한 기관차는 90톤이 넘는 열차를 끌고 리버풀에서 맨체스터까지 시속 16~23 킬로미터로 달렸답니다. 지금 같아서는 너무 느린 속도지만, 당시엔 놀라운 일이었지요. 그 기관차의 이름은 무엇입니까?

과학과 이성의 역사

사과가 떨어졌다_뉴턴

1642년 영국에서 태어난 뉴턴은 케임브리지 대학에서 수학과 물리학을 공부하던 중 흑사병이 돌아 고향에 내려갔습니다. 어느 날 그에게 의문이 생겼습니다. '왜 지구와 태양과 달은 부닥치지도 않고 멀어지지도 않고 언제나 규칙적으로 돌고 있을까?' 어느 날 근처 사과나무에서 사과 하나가 툭 떨어지는 것을 보고 16년 간 쉼 없이 연구했습니다. '지구에는 사물을 잡아당기는 힘이 있는 것 같다. 지구가 태양을 돌고 달이 지구를 도는 움직임과 관련이 있을 것이다.' 이 일을 두고 사람들은 뉴턴이 사과가 떨어지는 것을 보고 중력과 만유 인력의 법칙을 발견했다고 말합니다.

 만유 인력의 법칙

뉴턴은 젊은 시절에 지구에는 사물을 끌어당기는 힘인 '중력'이 있다는 것을 발견했고 계속 탐구해서, 이 세상 모든 물질은 서로를 끌어당기는 힘이 있다는 원칙을 밝혀냈습니다. 이 법칙을 '만유 인력의 법칙'이라고 합니다. 지동설을 비롯해서 천체들의 모든 움직임이 다 만유 인력의 법칙으로 설명되었습니다. 이 법칙은 그때까지 신비에 싸여 있던 헬리 혜성의 궤도를 계산해 내는 데 도움을 주기도 했습니다.

함께 익혀 둡시다 — 과학 혁명

갈릴레이가 과학에 끼친 공헌은 지동설을 밝힌 것에 그치지 않습니다. 그는 숱한 실험을 통해서 이전까지 몰랐거나 잘못 알고 있던 운동의 법칙들을 밝혀냈고, 끊임없는 천체 관측을 통해서 수많은 우주의 비밀을 캐냈습니다. 갈릴레이의 이런 눈부신 성과들은 다음 세대 과학자들에게 이어져서, 17세기 유럽에서는 새로운 과학적 발견과 발명들이 꼬리를 물고 일어났습니다. 이 무렵 과학의 급속한 발전을 '과학 혁명'이라고 합니다. 중세 시대까지 유럽의 과학은 동양보다 뒤쳐져 있었습니다. 그러나 과학 혁명을 거친 뒤 유럽은 단숨에 그 차이를 추월했고, 어느새 동양을 멀찌감치 앞서 가게 되었습니다.

 사과 하면 떠오르는 **선악과**란 무엇인가요?

구약 성서의 창세기에는 아담과 하와가 열매(선악과)를 따먹은 이래로 부끄러움을 알기 시작 하였답니다.

> **Quiz 47**
> '만유 인력의 법칙'을 포함해서 물체의 운동을 설명하는 뉴턴의 과학 체계 전체는 '뉴턴 역학'이라고 불리는데, 뉴턴 역학은 그 후 오랫동안 누구도 의심할 수 없는 진리 중의 진리로 여겨졌습니다. 그러나 뉴턴 역학은 나중에 이 사람에 의해 깨어지게 됩니다. 누구일까요?

과학과 이성의 역사

미국 정신_프랭클린

프랭클린은 1706년에 태어나 학교 교육을 전혀 받지 못하고 가난하게 자랐습니다. 하지만 인쇄소에서 일하며 스스로 공부해서 많은 학식을 쌓았습니다. 과학 연구에도 많은 열정을 기울여 1752년 번개가 전기의 일종임을 밝혀냈고 1750년대부터는 외교관으로 영국에 드나들면서 많은 활약을 펼쳤습니다. 1776년 '독립선언서'의 초안을 작성했으며, 같은 해 프랑스로 건너가 지원을 얻어 냈습니다. 1783년 아메리카의 독립을 인정하는 파리 조약을 맺을 때 미국 대표단으로 참석하여 미지의 대륙을 개척하는 아메리카 사람답게 정열적이라는 감탄을 받았습니다.

 ## 미국

아메리카 대륙은 원래 아시아에서 건너간 인디언들이 수만 년 동안 평화롭게 살던 땅이었는데 콜럼버스가 발견하자, 유럽인들은 아메리카의 곳곳에 자신들의 식민지를 세웠습니다. 유럽인들 중에 스페인과 포르투갈 인들은 남아메리카로 갔고 네덜란드, 프랑스, 영국인들은 북아메리카에 정착했습니다. 이들 가운데 북아메리카를 지배하게 된 것은 영국 출신의 청교도들

이었습니다. 북아메리카 식민지는 처음에는 영국 국왕의 지배를 받았지만, 1783년에 독립을 이루고 '미국'이라는 새로운 나라로 태어났습니다.

미국의 독립

미국 식민지 주민들은 자유를 찾아 영국을 떠나오긴 했어도 처음에는 스스로를 영국인이라고 생각했습니다. 그러나 영국 정부는 자꾸 식민지 주민들을 괴롭혔습니다. 그러자 분노에 찬 식민지 주민들은 보스턴 항구에 들어온 영국 배를 습격했습니다. 이 일이 있은 후 식민지에서는 '대륙 회의'라는 것이 열려 앞일을 의논했고 그 결과 마침내 영국과 맞서 싸울 것을 결의하고 독립군의 총사령관으로 버지니아 주 출신의 워싱턴을 뽑았습니다. 4년 동안 이어진 독립 전쟁은 미국의 승리로 돌아갔고, 미국 독립 전쟁은 미국 식민지 사회를 확 뒤바꿔 놓은 사건이라는 의미에서 '미국 혁명'이라고 불리기도 합니다.

미국의 아버지는 누구인가요?

워싱턴입니다. 미국 독립을 맨 앞에서 이끌고 1대, 2대 대통령을 지내며 미국의 첫걸음을 굳세게 지킨 데다 떠나는 마지막 발걸음까지도 깨끗하고 아름다웠던 워싱턴은 '미국 건국의 아버지'라 불리며 존경을 받고 있습니다.

Quiz 48
1. 프랭클린이 번개가 전기의 일종임을 밝혀 낸 뒤 발명한 것은 무엇입니까?
2. 식민지 주민이 영국을 떠나올 때 탔던 배 이름은 무엇입니까?

과학과 이성의 역사

철학의 아버지_칸트

칸트가 태어난 18세기의 유럽은 르네상스의 영향으로 중세의 신본주의로부터 벗어나, 인간의 자유를 존중하는 인본주의 사상으로 변해가고 있었으며 무지에서 깨어나게 하려는 계몽 운동이 일어나고 있었습니다. 그 무렵 철학자들 역시 무엇이든 신에 의해서만 이해될 수 있다는 생각에서 탈피하여, 인간의 사고 작용을 파고들면서 사물의 본질을 파악하려 하였습니다.

칸트

고대로부터 전해 내려오는 유럽 대륙의 합리주의와 영국의 경험론을 통합하여 새로운 비판 철학을 확립한 철학자입니다. 신앙심이 깊고 온화한 어머니의 감화를 받아서 어려서부터 사물에 대해 깊이 생각했으며, 대학 교수가 된 후에도 계속 세계에 관해서 깊이 사색하여 그것을 자기의 사상으로 정리해 갈 수 있었습니다. 그는 학생들에게 '철학을 공부하지 말고 철학하는 방법을 배워라.'고 가르쳤습니다. 칸트는 일생을 독신으로 지내면서 학문을 위해 모든 것을 바칠 만큼 끈질긴 노력가였으며, 매우 규칙적인 생활을 하

여 동네 사람들이 그의 산책하는 모습을 보고 시간을 맞추었다고 합니다.

함께 익혀 둡시다   **인간의 깊이를 탐구한 괴테**

1774년 변호사로 일하던 중 『젊은 베르테르의 슬픔』을 발표해서 전 유럽에 이름을 떨쳤는데 이 책은 당시 독일을 휩쓸던 낭만주의적 '질풍 노도 운동'의 대표작이 되었습니다. 1808년 『파우스트』 1부를 발표했고, 1831년에는 2부를 완성하였습니다. 그로부터 1년 반 후, 병에 걸린 괴테는 친구 훔볼트에게 마지막 편지를 썼습니다. "이 혼란스런 세상에서 내가 가끔 품은 희망은 인생의 비밀을 그려 보는 것이었습니다." 그것은 희망에 그치지 않았습니다. 오늘날 『파우스트』를 읽는 수많은 사람들은 그 속에서 인생의 깊은 진실을 발견할 수 있게 되었기 때문입니다.

칸트의 묘비에 쓰여진 말은 무엇인가요?

80세 때 '이것으로 만족한다' 라는 말을 남기고 세상을 떠난 그의 묘비에는 '내 머리 위에는 별이 총총한 하늘이 있고, 내 마음 속에는 도덕률이 있다.' 는 말이 새겨져 있습니다.

Quiz 49   칸트가 남긴 정신은 온 독일과 유럽으로 뻗어 나가서, 무수한 발전과 창조적 사고의 원동력이 되었는데, 그의 3대 비판서는 무엇입니까?

퀴즈 48 정답 : 1. 피타칠 2. 메이플라워 호

과학과 이성의 역사

종교 개혁 _ 루터

종교 개혁은 로마 가톨릭 교회의 부패에 저항하는 운동인 동시에 유럽 여러 나라 왕들이 로마 교황의 간섭으로부터 벗어나고자 한 운동이기도 합니다. 당시 교회는 신의 이름을 앞세워 사람들을 지배했고, 성직자들은 타락하여 부정 부패를 일삼으며 사치스런 생활을 하고 있었습니다. 독일에서 뿐만 아니라 스위스에서는 쯔빙글리, 프랑스에서는 칼뱅이 종교 개혁에 앞장섰고 영국에서는 엘리자베스 여왕의 아버지 헨리 8세가 영국 국교회(성공회)를 세워 로마 교황으로부터 독립하였습니다.

마르틴 루터

종교 개혁의 불길을 당긴 사람은 독일의 성직자 마르틴 루터입니다. 그리고 그 도화선이 된 것은 교황의 면죄부 판매를 비판하는 95개조 반박문이었습니다. 루터의 반박문은 삽시간에 퍼져 독일 국경을 넘어 유럽 전체로 알려졌습니다. 로마 교회는 루터를 파문했고 이때 루터를 도와 준 사람이 프리드리히였는데 루터는 그의 영지에 숨어 지내면서 『성경』을 독일어로 번역하였습니다. 종교 개혁의 목소리가 갈수록 커지고 따르는 사람들이 늘어나자 영주들은 1555년 아우크스부르크에서 회의를 열고 루터의 개혁을 공식적으로 인정해 주었습니다.

함께 익혀 둡시다 — 농민 전쟁

교회와 성직자의 횡포에 오랫동안 시달려 온 농민들이 루터의 주장을 가장 열렬하게 지지했고 마침내 저항하기 시작했습니다. 1525년 독일 농민들은 몇 가지 요구 사항을 내걸고 봉기했습니다. 농민들이 주장한 것은 농노제 폐지, 사냥과 고기잡이의 자유, 세금 증대 거부, 영주 마음대로 하는 처벌 금지, 과부와 고아 약탈 금지 등이었습니다. 이러한 농민들의 봉기를 역사에서는 독일 농민 전쟁이라고 합니다. 농민들은 루터가 자기들을 지지해줄 거라 믿었지만 루터의 생각은 달랐습니다. 루터의 생각에 농노제는 당연한 것이었지요. 그래서 저항하는 농민들을 죽여 버리라고 영주들에게 충고했습니다. 농민 전쟁은 얼마 못 가 끝나고 말았습니다.

 면죄부란 무엇인가요?

교황이 파는 증표인데, 이 증표를 사는 사람은 죄를 용서받고 천당에 갈 수 있다고 했습니다. 사실은 성 베드로 사원을 지을 비용을 마련하기 위해서 교황이 짜낸 생각이었습니다.

> **Quiz 50** 종교 개혁 이후부터 루터 파를 신교 또는 개신교, 프로테스탄트라 불렀습니다. 그렇다면 가톨릭은 무엇이라 부르게 되었습니까?

과학과 이성의 역사

다섯째 마당

암흑의 역사

정명 가도, 임진왜란 _ 이순신

　1592년(선조 25년)부터 1598년까지 2차에 걸쳐서 조선에 침입한 일본과의 싸움으로 1차 침입이 임진년에 일어났으므로 임진왜란이라 부르며, 2차 침입은 정유년에 일어나 정유재란이라 일컫는데 일반적으로 임진왜란이라면 정유재란까지 포함해서 말합니다. 당시 일본에서는 도요토미 히데요시[풍신수길]가 등장하여 혼란기를 수습하고 전국 시대(戰國時代)를 통일, 봉건적인 지배권을 강화하는 데 전력을 기울이고 있었습니다. 국내 통일에 성공한 그는 대륙 침략을 꿈꾸게 되었습니다. 일본의 침략 계획은 무르익어 병법·무예·축성술·해운술을 정비하고, 특히 서양에서 전래된 신무기인 조총을 대량 생산하고 있었습니다. 한편, 조선에서도 사태를 짐작하고 늦게나마 대비책을 강구했지만 별로 성과가 없었고 다만 전라 좌수사 이순신만이 전비를 갖추고 적의 침입에 대비하고 있었습니다.

이순신 장군

　사천 싸움에서 거북선을 처음 사용한 이순신은 한산도 앞바다에서 거북선을 앞세워 '학익진'(학이 날개를 편 모양의 전법)전법으로 적선 70여 척을 격

침시켰습니다. 죽는 순간까지도 '내가 죽었다는 것을 알리지 말라.'는 말을 남기고 53세에 돌아가셨습니다.

함께 익혀 둡시다 　장군과 의병

권율 장군이 지키고 있는 행주 산성으로 왜군들이 쳐들어왔을 때 무기도 없는 아낙들까지 앞치마에 돌을 담아 나르고 그 돌로 성을 올라오는 왜적을 물리쳤습니다(행주 대첩). 그리고 대표적인 의병 지도자로 전라도의 고경명(장흥), 김천일(나주), 김덕령(광주). 경상도의 곽재우(의령), 정인홍(합천). 충청도의 조헌(옥천). 함경도의 정문부(길주)가 있고 대표적인 승병장으로 서산 대사(묘향산)와 사명당(금강산), 영규(공주)가 있습니다. 임진왜란의 결과 7년 만에 1598년 일본을 물리쳤는데 국토가 황폐화 되고 많은 인명과 재산을 잃었습니다.

이순신 장군처럼 바다 싸움으로 유명한 장군은 또 누구인가요?

영국의 유명한 해군 제독 '넬슨'입니다. 그는 미국 독립 전쟁과 프랑스의 혁명 전쟁에 참여했고, 1805년 트라팔가르 해전에서 프랑스와 에스파냐 연합 함대를 격멸시킨 유명한 장군입니다.

> **Quiz 51** 임진왜란 때 충무공 이순신 장군이 전쟁터에서 쓴 일기는 무엇입니까?

암흑의 역사

뼈아픈 병자호란 _ 삼전도의 굴욕

임진왜란이 끝난 지 30년 만에 또 전쟁의 회오리에 휩쓸리게 됩니다. 만주에서 일어난 청나라가 1627년과 1636년 두 차례에 걸쳐 쳐들어왔는데 앞의 것을 정묘호란, 뒤의 것을 병자호란이라고 합니다. 청나라는 명나라를 총공격하기 전에 조선을 먼저 친 것입니다. 인조왕은 강화도로 피신하여 '형제의 나라'가 되겠다고 약속했습니다. 두 번째로 쳐들어온 청나라는 남한 산성에 피난 가 있던 인조에게 항복을 받았습니다. 인조의 맏아들 소현 세자를 비롯해 수많은 사람들이 인질로 청나라에 끌려갔답니다. 그 후, 청은 명을 멸망시키고 북경을 수도로 삼았습니다.

삼전도의 굴욕

삼전도의 굴욕이란 병자호란의 패전으로 인해 조선의 인조가 청의 태종에게 머리를 조아리고 머리를 땅에 쳐박는 가장 치욕적인 항복을 한 것을 말합니다. 청, 즉 만주족에게는 패전국이나 신하의 경우 승전국이나 임금에게 세 번 무릎을 조아리고 아홉 번 머리를 땅에 조아리는 풍습이 있었습니다. 인조는 패전의 대가로 이런 청의 요구에 응해야 했고, 무참한 비굴함을 보여야 했던 것입니다. 이를 두고 삼전도의 굴욕이라고 하는데, 이는 우리 민족의 역사상 가장 치욕적인 항복의 하나로 기록될 것입니다.

함께 익혀 둡시다 **인조 반정**

1616년 명나라 세력이 약해지자 여진족의 추장 누루하치는 여러 부족을 통일하여 후금(뒤에 청나라)을 세웠습니다. 우리 나라에서는 명과 후금 사이에서 중립 외교를 펼쳤습니다. "광해군의 중립 외교는 임진왜란 때 우리를 도와준 명나라에 대한 배신 행위요." "반정을 일으킵시다." "좋소! 광해군을 몰아냅시다." 이렇게 인조 반정으로 정권을 잡은 서인은 기울어져가는 명나라와 가깝게 지내고 새롭게 기세를 떨치고 일어나는 후금과의 외교 관계를 끊어버려, 정묘호란과 병자호란을 불러들인 결과를 빚고야 말았습니다.

주전파와 주화파란 무엇인가요?

주전파란 전쟁을 하자는 주장을 하는 사람들로 홍익한, 윤집, 오달제, 김상헌 등이고 주화파란 화친을 주장하는 사람들로 최명길이 이에 해당합니다.

Quiz 52
병자호란 때 활약한 장군입니다. 이 장군은 8백 명의 군사와 백성들을 데리고 백마 산성에서 10만의 청나라 대군을 막기 위해 수천 개의 허수아비를 성 뒤에 세운 뒤 모든 백성들에게 두 개의 횃불을 들고 함성을 지르게 하며 군사들에게 화포를 계속 쏘게 했지요. 백마 산성에 많은 군사가 있는 것처럼 보이게 하는 작전을 쓴 이 장군은 누구입니까?

암흑의 역사

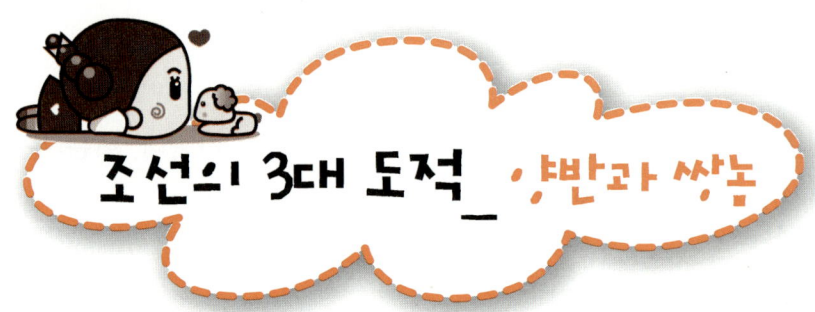
조선의 3대 도적_양반과 쌍놈

조선 시대 사람들은 양반과 중인, 상민, 천민으로 나뉘었습니다. 양반은 나라에 대한 의무의 일부를 면제받는 특권층이고, 상민은 생산을 도맡아 하는 동시에 세금을 내야 했는데 상민의 대부분은 농민이었고, 천민인 노비는 '살아있는 도구요 재산'으로 취급되어 주인이 마음대로 사고 팔 수 있었습니다. 특수한 직업인 백정, 재인(광대)은 법으로는 천민이 아니나 실제로는 천민 대우를 받았습니다.

조선의 3대 도적

홍길동은 연산군 때 이름을 날린 의적이며 임꺽정은 그보다 약 50년 뒤에 지배층의 간담을 서늘케 한 대도, 그로부터 약 130년 뒤 활약한 장길산은 조선 후기를 대표하는 도적입니다. 세 도적 중에 홍길동과 임꺽정은 잡혔지만 장길산은 끝내 잡히지 않고 자취를 감추었습니다. 세 도적의 공통점은 지배층은 이들을 극악 무도한 강도 취급을 했지만 백성들은 힘없는 자기들을 대신해서 싸워주는 통쾌한 의적으로 여겼다는 점입니다. 광해군 때의 개혁 사상가 허균은 실제의 홍길동을 모델 삼아 소설『홍길동전』을 썼는데,

이는 한글로 쓴 최초의 사회 소설입니다.

함께 익혀 둡시다 **공명첩**

18세기 들어 신분 제도가 흔들리면서 돈을 주고 호적이나 족보를 사서 양반 노릇을 하거나, 나라가 재정 마련을 위해 발행한 공명첩(돈 내고 벼슬을 산 증서), 납속첩(곡식을 내고 벼슬을 산 증서)을 사서 합법적으로 양반이 되는 경우가 많아졌습니다. 공명첩은 원래 공을 세운 사람에게 주는 것으로 벼슬이 적혀 있는 문서입니다. 사람들은 너도나도 공명첩을 사서 양반이 되었지요. 공명첩을 판 돈으로 잠깐 동안은 나라 살림에 도움이 되었지만 결과적으로 세금을 내는 평민의 수가 줄어 나라 살림도 갈수록 어려워지고, 신분 제도도 혼란스러워졌습니다.

 농부에서 왕이 된 사람은 누구인가요?

제 24대 헌종이 자손을 남기지 못하고 세상을 떠나 왕위를 이을 사람을 찾아보니, 왕손인 은언군의 손자 원범이 강화도에서 농사를 지으며 살고 있다는 것을 알게 되었어요. 농사꾼이던 강화 도령 원범은 19세의 나이에 갑자기 왕이 되었는데 바로 철종입니다.

> **Quiz 53** 소설 속의 홍길동은 봉건 계급 사회에 맞서 만민 평등을 이루고자 활빈당을 이끌고 어떤 나라를 건설했습니까?

암흑의 역사

쇄국 정책_흥선 대원군

19세기가 되자 조선에도 천주교가 들어오고, 선교사들과 함께 개신교와 서양 문물도 들어왔습니다. 조선을 둘러싸고 서양 열강, 청나라, 그리고 일본이 치열한 다툼을 벌였습니다. 그런 가운데, 조선의 지배층은 개방이냐 쇄국이냐 하는 갈림길에서 갈피를 잡지 못했습니다. 쇄국 정책을 써서 흔들리는 조선을 잡아 보려 한 대표적인 인물이 대원군입니다. 대원군은 안으로는 왕권 강화를 위해 개혁 정책을 펴고, 밖으로는 밀려드는 서양 세력을 막기 위해 쇄국 정책을 썼습니다. 10년 동안 집권한 대원군의 정책 목표는 근대화가 아니라, 봉건 사회를 되살리는 데 있었습니다.

 흥선 대원군 (이하응)

이하응은 철종이 아들 없이 세상을 떠나자, 왕족인 자신의 아들(고종)을 왕위에 오르게 하였고 자신은 대원군의 자리에 올라 실질적인 권력을 잡았습니다. 그 후 부정 부패를 일삼던 안동 김씨 세력을 몰아내고, 신분을 가리지 않고 인재를 고루 등용하는 등 그의 개혁 정책은 한때 성공을 거두었으나 경복궁 재건 등의 무리한 재정 지출로 백성들의 신임을 잃었으며 또한 쇄국 정책을 고집하여 두 차례의 양요를 치르고 천주교를 박해하다가 명성황후 시해 사건으로 정계에서 물러났습니다.

함께 익혀 둡시다 **병인양요** ------------------------------------

조선 바닷가에 서양의 배들이 나타나는 일이 잦아졌고 1866년 프랑스 함대가 7척의 군함, 2천 명의 군사를 갑곶진에 상륙시켰습니다. 천주 교도들을 처형한 책임을 지고 배상금을 지불하고 통상 조약을 맺으라는 것이었습니다. 이에 한성근과 양헌수는 프랑스군을 물리쳤지만 강화도 외규장각에 있던 귀중한 책과 금괴, 곡식, 무기를 수탈당했습니다. 이에 대원군은 더욱 쇄국책을 강화하게 됩니다. (양요: 서양 오랑캐가 일으킨 난리)

 ## 척화비란 무엇인가요?

척화비란 서양 사람들을 배척하기 위해 세운 비석으로 흥선 대원군이 전국에 비석을 세웠는데 대원군이 청나라에 납치된 후에 뽑혀 버렸습니다.

> **Quiz 54** 1866년 대동강에서 미국 상선 제너럴 셔먼 호가 불타는 사건이 발생하자 미국은 그 진상 조사와 손해 배상 요구 관계로 조선과 통상 관계를 수립하기 위해 1871년 미국 아시아 함대로 강화도를 침범하였습니다. 천인 공노하게도 흥선 대원군의 아버지 남연군의 유골을 훔쳐 이를 빌미로 불평등 조약을 맺게 하려는 속셈이었습니다. 무덤을 파던 오페르트는 발각되자 도망을 쳤고 조선은 굴복하지 않고 조약을 거부했으며 미국은 일본으로 물러갔습니다. 이 양요를 무엇이라고 부릅니까?

암흑의 역사

강화도 조약_태극기

　일본군은 강화도 남쪽 초지진으로 운요호를 타고 왔습니다. 외국인이 쳐들어오니 당연히 우리 병사들은 오지 말라고 경고를 했습니다. 경고해도 배가 계속해서 다가오자 병사들은 경고의 의미로 대포를 쏘았습니다. 그러자 운요호에서도 대포를 쏘아 싸움을 하게 되었습니다. 일본군은 우리 땅에 올라와 사람을 죽이고 먹을 것을 빼앗아 갔습니다. 그러면서도 국기를 달고 온 다른 나라 배에 먼저 포를 쏘았으니 조선의 잘못이라는 등 억지를 쓰며 조선에게 책임을 지라고 했습니다. 이렇게 해서 '강화도 조약'을 맺게 되었습니다. 사실 그 내용은 일본에게만 유리하게 되어 있었습니다. 이 조약의 내용 때문에 우리 나라는 일본의 정치, 경제, 군사적인 침투를 일부 허용할 수밖에 없게 되었습니다.

강화도 조약의 결과

　이 조약에 의해 조선은 개항 정책을 취하게 되어 세계 무대에 등장하는 계기가 되었습니다. 불평등 조약이었기 때문에 일본의 식민주의적 침략의 출발점이 되었습니다. 위정 척사파(우리 것을 지키자는 사람들)와 개화파(외국 문물을 받아들이자는 사람들)사이의 대립이 일어나는 계기가 되었습니다.

함께 익혀 둡시다 태극기

조선 시대에는 우리 나라 국기가 없었는데 처음으로 국기의 필요성을 강하게 느끼게 된 것은 바로 운요호 사건이었습니다. 일본은 운요호에는 엄연히 일본의 국기가 게양되어 있었는데 왜 대포를 쏘았느냐며 트집을 잡아 강화도 조약을 맺게 되었지요. 하지만 조정의 대신들은 국기가 무슨 의미와 내용을 가지고 있는지조차 몰랐습니다. 이 일을 계기로 고종 황제는 국기에 대해 연구하여 마침내 1882년 일본에 수신사로 파견된 박영효가 고종의 명으로, 처음으로 태극기를 만들어 사용했답니다. 박영효 일행이 일본 땅에 휘날리게 했던 태극기가 우리 나라 최초의 태극기라 할 수 있습니다.

최초의 태극기와 지금의 태극기는 똑같은 모양인가요?

이때의 태극기에는 태극 사괘가 그려져 있긴 하지만 지금과는 약간 모양이 달랐고 그 이후로 태극기가 사용되면서 모양도 조금씩 변했습니다. 1949년 그 모양이 통일되고 정식 국기로 발표되었습니다.

Quiz 55 태극기의 사괘가 뜻하는 것은 무엇입니까?

암흑의 역사

베르사유의 장미_프랑스 혁명

　1789년 7월 14일 프랑스의 수도 파리에서 성난 시민들이 바스티유 감옥을 공격했습니다. 바스티유 감옥은 왕을 비판한 사람들이 갇히곤 하는 악명 높은 곳이었습니다. 왜 감옥을 공격했을까요? 그 때 프랑스의 대다수 농민들과 시민들은 굶주림에 떨고 있었고, 봉건 제도 아래서 대부분의 땅은 귀족들 차지고 땅에서 얻는 소득도 거의 다 귀족 차지였습니다. 그래서 귀족 아닌 사람들은 봉건 제도를 싫어하고 왕과 귀족을 미워했습니다. 그런데도 루이 16세와 왕비 마리 앙트와네트는 사치에 정신이 팔려 빚이 늘어갔습니다. 더 이상 돈을 끌어댈 방법이 없자 루이 16세는 삼부회를 소집하여 세금을 거두려고 했습니다. 귀족, 성직자, 평민 세 신분의 대표가 모이는 회의에서 평민 대표들이 자기들 동의 없이 세금을 매겨선 안 된다고 강력히 주장하며 항의했습니다. 루이 16세는 이들을 회의장 밖으로 쫓아냈는데 이들은 순순히 물러서지 않았고 그래서 몰아내라고 군대에게 명령을 내렸지만 군대도 왕의 말을 듣지 않았습니다. 루이 16세는 어리석게도 외국 군대를 불러들일 계획을 세워 파리 시민들을 분노하게 만들었고 시민들이 바스티유 감옥으로 쳐들어간 것입니다. 2년 뒤 루이 16세는 왕비와 함께 단두대에 올라 목숨을 잃었습니다.

함께 익혀 둡시다 **명예 혁명** --

영국의 왕 찰스 2세는 아들이 없었기 때문에 그의 동생 제임스가 왕위를 잇게 되었는데 당시 영국 의회는 왕이 정치하는 것에 반대하고 의회의 의견을 수렴하여 법에 의한 정치를 하길 바랐습니다. 그러나 제임스는 찰스 2세보다 더한 왕권으로 군림하려 하여 의회는 제임스를 밀어내고, 그의 딸인 메리와 그녀의 남편을 왕으로 추대하려는 계획을 세웠습니다. 그런데 먼저 도망을 간 제임스 덕분에 이 혁명은 별 충돌 없이 쉽게 이루어졌습니다. 그래서 피 한 방울 흘리지 않고 성공한 혁명이라고 해서 '명예 혁명'이라는 이름이 붙여졌습니다. 의회는 즉시 의회의 권리를 강화시키는 권리 장전을 승인하고, 입헌 정치의 시작을 알렸습니다. 명예 혁명을 통해 영국은 비로소 국왕 위주의 절대 왕정에서 벗어나 헌법에 의해 나라를 다스리는 입헌 군주제의 나라가 되었습니다.

 **'라 마르세예즈'란 무엇인가요?**

프랑스 혁명 당시 넘치는 열정의 도가니에서 탄생한 노래입니다. 젊은이들은 라 마르세예즈를 부르며 전쟁터로 나갔고, 지금 프랑스 국가입니다.

> **Quiz 56** 시민, 농민, 노동자가 주동이 된 프랑스 혁명의 결과, 새로운 사회의 주인이 된 것은 누구입니까?

암흑의 역사

아편 전쟁_홍콩

중국의 명나라 뒤에는 만주족이 세운 청나라가 이어졌습니다. 만주족은 한족이 오랑캐라고 업신여기던 사람들이었는데 어느 틈에 세력을 키워 중국 대륙의 주인이 되었습니다. 청나라는 약 200년 동안 눈부시게 번영했습니다. 북경에 가면 황제가 살던 자금성이라는 궁전이 있는데 규모가 어마어마합니다. 하지만 청나라의 번영은 19세기에 들어 밀려드는 서양 세력과 충돌하면서 차츰 내리막길을 걷게 됩니다. 충돌의 시작은 아편 전쟁이었습니다.

아편 전쟁

아편은 마약의 일종으로 자주 피우면 몸도 마음도 상하게 되어 청나라는 아편을 사고 파는 것을 금지하고 있었습니다. 그런데 영국이 청나라에 아편을 몰래 팔았기 때문에 전쟁이 일어나게 된 것입니다. 전쟁은 영국이 우세했고 당황한 청 황제는 남경(난징) 조약을 맺었습니다.

다섯째 마당

조약의 내용은 영국에게 배상금을 지불할 것과 홍콩을 영국에 넘겨 줄 것, 5개 항구에서 영국인의 장사를 허락한다는 것이었습니다.

함께 익혀 둡시다 **홍콩의 과거와 현재**

남경(난징) 조약으로 영국에게 넘어간 뒤, 홍콩은 최근까지 영국의 조차지였습니다. 조차란, 다른 나라의 땅을 일정 기간 동안 빌리는 것입니다. 말이 좋아 빌리는 것이지 실제로는 강제로 빼앗아 식민지로 삼은 거나 다름없었습니다. 99년의 조차 기한이 끝나고 홍콩을 중국에 돌려 준 날짜는 1997년 7월 1일. 그런데 홍콩을 돌려 받게 된 중국이 예전의 청나라가 아니라 사회주의 나라인 중화 인민 공화국이라는데 세계의 관심이 모아졌었습니다. 자본주의 홍콩이 사회주의 중국과 좋은 사이가 될 수 있을까 사람들은 몹시 궁금해 했는데 지금 홍콩은 사회주의 중국의 일부가 되어 있고 중국은 홍콩을 특별히 대우해 주고 있습니다. 자치권을 인정해 주고, 앞으로 50년 동안 자본주의를 유지해도 좋다고 말입니다. 50년 뒤에는 어떻게 될까요?

제2차 아편 전쟁(애로우 호 사건)은 무엇인가요?

청의 무역 개선 약속 불이행과 애로우 호에서의 영국기 모독 사건으로 영국과 프랑스의 연합 공격이 있었고 베이징이 함락되었습니다.

> **Quiz 57**
> 아편 전쟁 직전에 영국 상인들이 가지고 있던 아편을 모조리 바다로 흘려 보낸 사람은 누구입니까?

암흑의 역사

메이지 유신_일본의 근대화

　원래 일본은 막부 정치라고 천왕(일본의 왕)을 보좌하는 관백이 정치를 하고 있었는데, 관백 밑에는 영주, 사무라이라는 지배층이 있었습니다. 이것을 봉건 정치라고도 합니다. 그런데 1854년에 미국이 와서 통상을 하자고 했는데 일본이 그것을 거절하자 미국이 무력으로 통상을 하게 합니다. 그 후 일본이 거의 미국의 속국이 되게 되자, 일본 사람들은 화가 참으로 많이 났습니다. 그러던 때에 젊은 무사들이 혁명을 일으킵니다. 그 혁명은 성공을 하고, 여러 가지 제도 등을 근대식으로 고치게 되고 신분 제도를 붕괴시켜 버립니다. 그리고 정권을 도쿠와카 막부에서 천왕 중심으로 옮겼습니다. 그래서 일본은 입헌 군주국이 되고, 아시아에서 제일 빠르게 근대화를 합니다. 그것을 메이지 유신이라고 합니다.

서양과의 교류

　일본은 메이지 유신 훨씬 전부터 서양 여러 나라와 교류를 했습니다. 임진왜란 전인 1543년 포르투갈 인들이 와서 가톨릭을 포교했고 또 일본은 대마도를 통해서 우리 나라, 중국과 무역을 했으며 나가사키를 통해서 네덜란드와 무역을 했습니다. 막부의 허가증을 받은 무역선이 대만, 필리핀, 베트남, 캄보디아, 말레이시아, 자바로 나가기도 했습니다.

함께 익혀 둡시다 — 에도 막부 시대

15세기 중엽부터는 무사들의 세력 다툼으로 사회가 혼란에 빠졌는데 이때 도요토미 히데요시가 등장하여 전국을 통일하고, 조선 침략에 나섰으나 결국 실패하였고 그 후 도쿠가와 이에야스가 에도 막부를 열었습니다(1603년). 그는 다이묘(영주)들에게 영지를 나누어 주고, 대신 그들을 강력하게 통제하였습니다. 일본은 에도 막부 시대에 전국이 하나의 경제권으로 통합되었고 도시가 발달하였습니다. 상공인은 도시의 중산층과 상업 자본가로 성장하였으며 학문도 실질적으로는 상인층이 담당하였습니다.

사무라이는 어떤 사람인가요?

일본 봉건 시대의 무사(武士). 사무라이라는 단어는 '섬기다·봉사하다'는 뜻의 동사인 사부라우〔侯(후)〕의 명사형 '사부라이'에서 나왔습니다. 중세초기 제후의 궁성에서 방위의 임무를 띤 군사들을 의미하였고, 그 뒤 봉건 제후에게 충성과 봉사의 의무를 가졌던 무사 계급 전체를 포함하게 되었습니다.

> **Quiz 58** 메이지 유신과 갑오개혁의 공통점은 무엇입니까?

불가능은 없다_나폴레옹

프랑스 혁명의 혼란을 뚫고 우뚝 선 사람이 나폴레옹입니다. 1799년 제1통령이 된 그는 안으로는 나라를 안정시키고, 밖으로는 프랑스 혁명에 반대하는 유럽 여러 나라를 무릎 꿇려 프랑스 혁명 정신을 널리 전파했습니다.

불가능은 없다

이탈리아에서 오스트리아 군대에게 완전히 포위당한 프랑스 군대의 지원을 위해 나폴레옹은 알프스 산맥의 생베르나르 고개를 넘겠다는 작전을 세웠습니다. 이 말에 장군들은 모두 깜짝 놀랐습니다. 알프스 산맥은 유럽에서 가장 높고 험한 산맥이고 생베르나르 고개도 높이가 2742m나 되었기 때문입니다. "각하, 그것은 무리입니다. 보병과 기병은 그렇다 쳐도 무거운 대포를 끌고 가야 하는 포병들은 그 산을 넘을 수가 없습니다." 그러나 나폴레옹은 흔들림 없는 태도로 말하였습니다. "불가능이란 말은 프랑스 어에 없소. 그것은 오직 겁쟁이들이 핑계를 댈 때 쓰는 말이오. 대포는 분해한 뒤 밧줄에 매어 끌고 가면 될 것이오." 그래서 전투에서 승리한 뒤 개선 장군이 되어 프랑스로 돌아왔습니다.

 ### 워털루 전투

모든 유럽 나라들을 격파하고 나폴레옹이 황제가 되었습니다. 이로서 유럽은 오스만 터키와 영국을 제외하고는 모두 프랑스에 굴복하게 됩니다. 그런데 영국이 자꾸만 저항을 하자 나폴레옹은 영국으로 가는 모든 물자를 끊고자 다른 나라와 영국이 교역을 못하게 막는 일명 '대륙 봉쇄령'을 내립니다. 하지만 영국은 이미 아메리카 식민지가 있었고 대륙의 국가들만 죽어납니다. 결국 못 참은 러시아가 밀무역을 했고 이것을 알아챈 나폴레옹이 러시아를 정벌하러 갔다가 실패하고 돌아옵니다. 이것을 눈치챈 다른 유럽 국가들이 모두 연합하여 프랑스를 공격, 나폴레옹을 엘바 섬으로 유배 보냅니다. 하지만 나폴레옹은 탈출해 다시 군대를 모으고 영국-프로이센(독일) 연합군을 공격합니다. 이 전투가 바로 워털루 전투입니다. 하지만 영국의 뛰어난 장군 웰링턴에 의해 나폴레옹 군은 격파되고 나폴레옹은 머나먼 아프리카의 세인트헬레나 섬으로 유배당하고 그곳에서 죽습니다.

 ## 나폴레옹이 **태어난 곳**은 어디인가요?

1769년 프랑스의 식민지 코르시카 섬에서 태어났습니다.

> **Quiz 59**
> 나폴레옹이 엘바 섬에서 나와 워털루에서 패배해 세인트헬레나 섬으로 유배가기 전까지를 무엇이라고 부릅니까?

암흑의 역사

노예 해방_링컨

링컨은 1809년 미국 켄터키 주에서 태어났으며 집이 가난해서 학교를 전혀 다니지 못했지만 혼자 공부를 해서 변호사가 되었습니다. 1847년 연방 하원 의원이 되었고 1856년 노예 해방을 주장하던 공화당에 입당했습니다. 1860년 공화당 후보로 대통령 선거에 출마해 제16대 대통령이 되었는데, 당선이 되자 남부의 주들이 연방에서 탈퇴해 '남부 연합국'을 만들었습니다. 1861년 남부의 섬터 요새 공격을 시작으로 남북 전쟁이 일어났고 1862년 남군이 패배한 틈을 타서 노예제 폐지를 선언했으며, 1863년 게티스버그에서 유명한 연설을 했습니다.

게티스버그 연설

1863년 11월 링컨은 게티스버그 국립 묘지 설립 기념식 연설에서 "국민에 의한, 국민을 위한, 국민의 정부는 지상에서 영원히 사라지지 않을 것이다."라는 불멸의 말을 남겼습니다. 1865년 남군사령관 리가 그랜트에게 항복함으로써 남북 전쟁은 종막을 고하였는데 링컨은 남군 항복 2일 후 워싱턴의 포드 극장에서 연극 관람중 남부인 배우 부스에게 피격, 사망하였습니다.

함께 익혀 둡시다 **남북 전쟁**

독립 후 한때 쇠퇴했던 노예 제도는 19세기에 들어 목화 경작이 융성해지면서부터 다시 남부 사회의 경제적 기반을 형성하게 되었고 따라서 노예를 필요로 하는 목화 경작 지역인 남부의 여러 주와 산업 자본주의가 성행하던 북부의 여러 주 사이에 세력 균형의 문제가 생겼습니다. 그러던 중 노예제를 반대하는 링컨이 대통령에 당선되자, 남부 주들은 사우스캐롤라이나를 선두로 합중국으로부터의 분리를 선언하기 시작하였습니다. 그래서 링컨은 노스캐롤라이나의 섬터 요새의 수비군에 원조를 보내기로 결정했는데, 이 수비군의 철수를 요구해 오던 남부는 원조 결정을 알자 즉시 그 요새를 공격함으로써 전쟁이 개시되었습니다.

1863년 1월 1일 미국 대통령 링컨의 **노예 해방 선언** 내용은 무엇인가요?

반란 상태에 있는 주의 모든 노예 해방, 흑인에게 폭력 삼가와 적절한 임금 지급, 흑인에게 연방 군대 참가 기회 제공 등이었습니다.

> **Quiz 60**
> 흑인 노예 시장을 지나다가, 제각기 다른 곳에 팔려 뿔뿔이 흩어지는 한 노예 가족의 슬픔을 보고 스토우 부인이 지은 책입니다. 링컨도 이 책을 읽고 노예 해방을 결심했지요. 이 책의 이름은 무엇입니까?

퀴즈 59 정답 : 백일 전하

암흑의 역사

여섯째 마당

시련의 역사

조선 말기 동학 운동의 지도자. 호는 해몽. 몸이 왜소하여 녹두 장군이라는 별명이 생겼습니다. 부친이 민란의 주모자로 처형당하자, 동학에 입교하여 고부 접주가 되었습니다. 1892년 고부 군수로 임명된 조병갑이 많은 세금과 백성들의 재물을 빼앗는 것을 보고 시정을 요구하였으나 받아들여지지 않자 동지들을 규합하여 1894년 동학 농민군을 이끌고 봉기하였습니다. 전봉준이 이끄는 동학군은 전주를 점령하는 등 크게 세력을 떨쳤습니다. 그러나 일본군과 연합한 정부군의 반격으로 우금치 전투에서 크게 패하고 전봉준은 일본군에게 체포되어 교수형에 처해졌습니다. 동학 농민 운동은 부패한 양반 사회와 외세에 대항하여 일어난 최초의 민족 운동으로 높이 평가되고 있습니다.

세도 정치

당파 싸움 끝에 찾아온 것은 세도 정치였습니다. 세도 정치란 한 집안이 정권을 모두 차지하는 것입니다. 1803년 순조 임금 때, 딸을 왕비로 앉히고 왕의 장인이 된 안동 김씨 김조순은 나라 일을 마음대로 하여 세상을 엉망으로 만들어 놓았습니다. 양반들은 벼슬 자리를 얻기 위해 안동 김씨들에게 뇌물을 갖다 바쳤습니다.

함께 익혀 둡시다 갑신 정변

강화도 조약을 맺은 후 조선 백성들은 일본의 등쌀에 살기가 점점 어려워졌습니다. 김옥균, 박영효, 홍영식, 서광범 같은 청년 벼슬아치들(개화파)은 나라를 튼튼히 하기 위해서는 하루빨리 서양 문물을 받아들여 근대화를 이루어야 한다고 생각했습니다. 그래서 일본군과 손을 잡고 1884년 우정국 개국 축하연회에서 개혁의 걸림돌이었던 사대당을 암살하고 정권을 장악하려 하였지만 청군의 등장으로 실패로 돌아갔습니다. 정권을 잡은 지 사흘 만에 정권을 도로 내주었기 때문에 3일 천하라고도 불립니다.

 임오군란은 어떤 사건인가요?

갑신정변이 일어나기 2년 전 군인들이 봉기를 일으킨 사건으로, 그 이유는 밀린 봉급과 일본에 대한 반감, 부패한 정치에 대한 저항입니다. 일본은 조선의 쌀을 헐값에 사다가 일본에 비싸게 팔아서 막대한 이익을 챙겼습니다. 그래서 군인들에게 줄 봉급인 쌀에 모래를 섞어 놓은 것입니다.

> **Quiz 61** 더 이상 왕과 양반들 밑에서 참고만 살 수 없어 1812년 평안도에서 봉기를 일으킨 사람입니다. 평안도 농민 전쟁을 이끌다가 정주성에서 숨진 사람은 누구입니까?

시련의 역사

나는 조선의 국모다_명성 황후

　조선 말 고종 때, 고종의 아버지 흥선 대원군과 왕비 민씨의 세력 다툼은 끊이지 않았습니다. 하지만 두 사람의 공통점은 모두 일본을 몰아내고자 했다는 것입니다. 그러나 조선의 힘은 약해져 있어서 청나라의 힘을 빌려 일본을 몰아내려던 흥선 대원군은 패하여 명성 황후에게 정권을 빼앗겼습니다. 명성 황후는 러시아의 도움을 받아 일본을 몰아내려고 했습니다. 그러자 일본인들은 궁궐로 쳐들어와 명성 황후와 궁녀들을 죽이고 불태워 버렸습니다. 그리고 명성 황후를 반대한 사람들의 짓이라며 자신들이 저지른 야만적인 행동을 잡아뗐습니다. 이것을 을미사변이라고 합니다.

아관 파천

　을미사변 이후 일본 세력을 배경으로 조직된 제3차 김홍집 내각은 태양력 사용, 단발령의 실시 등 급진적인 개혁을 단행하였으나 명성 황후의 살해와 단발령의 실시는 친일 내각과 그 배후 세력인 일본에 대한 국민의 감정을 극단적으로 자극하여 전국 각지에서 의병 항쟁이 일어났습니다. 그러자 러시아는 고종을 안전하게 지킨다는 이유로 러시아 공사관으로 데려갔습니다. 이것을 '아관 파천'이라고 합니다. 고종은 그 후 1년 동안 그곳에 있었는데, 그 동안 러시아파들은 정권을 마음대로 휘둘렀습니다.

함께 익혀 둡시다 **갑오개혁**

1894년 6월 25일 일본 군대가 총을 마구 쏘아 대며 경복궁을 습격했습니다. 일본은 고종을 위협하며 마음에 드는 사람들을 주요 관직에 앉힌 다음, 여러 제도들을 개혁하게 했습니다. 이것을 '갑오개혁'이라고 합니다. 비록 일본의 간섭 아래 시작되긴 했어도, 갑오개혁에는 그동안 여러 사람들이 줄기차게 주장해 온 개혁 내용들이 꽤 많이 들어 있습니다. 내용을 보면 과거 제도를 폐지하고 신분과 가문에 관계없이 인재 등용, 각종 세금은 돈으로 내기, 양반도 상업을 할 수 있음, 죄인의 가족과 친척까지 형벌을 받는 연좌제 폐지, 노비 제도 폐지, 도량형 통일, 남자 20세 여자 16세 이하의 결혼 금지 등입니다.

 **일본**은 왜 조선을 개혁하려고 했을까요?

일본이 지배하기 쉽도록 조선을 개조하는 데 목적이 있었습니다.

Quiz 62
1898년 독립 운동 단체인 독립 협회에 들어갔고 1907년 '신민회'라는 독립 운동에 참여하여 활동하였으며 1908년 『독사신론』이라는 역사책을 발표했고 1923년 의열단 선언이라고 불리는 「조선혁명선언」을 펴냈습니다. 근대 역사학의 아버지라 불리는 이 사람은 누구입니까?

시련의 역사

러일 전쟁과 민족 정신 _ 을사늑약

러일 전쟁은 1904년 일본 함대가 뤼순 군항을 기습 공격함으로써 시작되어, 1905년 강화를 하게 된 러시아와 일본 간의 전쟁입니다. 한국과 만주의 분할을 둘러싸고 싸운 것이지만, 그 배후에는 영일 동맹(英日同盟)과 러시아-프랑스 동맹이 있었고, 제1차 세계 대전의 전초전이었습니다. 일본은 전쟁에서 승리하여 한국의 지배권을 확립하고 만주 진출이 확정되었으나 미국과의 대립이 시작되었습니다. 러일 전쟁의 결과는 포츠머스 강화 회담과 을사늑약으로 이어져 한국은 주권을 일본에 거의 빼앗기고 망국의 운명을 맞게 되었습니다. (* 늑약 : 아주 굴욕적인 조약)

을사 오적

1905년 이토 히로부미는 군대를 동원한 가운데 강제로 조약에 서명하도록 협박했습니다. 바로 우리 나라의 외교권을 빼앗기 위한 을사늑약이었지요. 고종은 끝까지 거부했지만 이완용, 박제순, 이지용, 이근택, 권중현 다섯 명의 대신들이 이 조약에 서명했습니다. 이들 다섯 명을 나라를 팔아먹었다 하여 '을사 오적' 또는 '매국노'라고 불렀습니다. 그리고 1910년에는 이완용을 불러들여 한일 합방 조약을 체결하여 이로써 이성계가 세웠던 조선은 519년 만에 문을 닫게 되고 우리 나라는 일본의 식민지가 되고 말았습니다.

함께 익혀 둡시다 대한 제국의 성립

명성 황후가 시해당한 뒤, 러시아 공사관으로 피신한 고종은 1년 만에 경운궁(덕수궁)으로 돌아와 나라 이름을 '대한'으로 바꾸고 황제 즉위식을 가졌습니다. 그리고 새 나라 '대한'은 자주 독립국이며, 청나라와 동등하게 황제가 다스리는 '제국'이라고 선포했습니다. 연호도 청나라의 연호를 빌려 쓰지 않고, '광무'라는 새 연호를 썼습니다. 대한 제국은 1897년에 출발하여 한일 합방 조약으로 일본의 식민지가 된 1910년까지 13년 동안 존재했습니다.

'시일야 방성 대곡'은 무엇인가요?

1905년 11월 20일자 《황성신문》에 게재된 장지연의 논설입니다. 황성신문의 주필이었던 장지연은 을사늑약이 체결되자 이 논설을 써서 조약의 굴욕적인 내용을 폭로하고, 일본의 흉계를 전 국민에게 알렸습니다.

> **Quiz 63**
> 베를린 올림픽 마라톤 대회에서 우승을 하였지만 가슴에 태극기가 아닌 일본 국기인 '일장기'를 단, 세상에서 가장 슬픈 승리자는 누구입니까?

시련의 역사

퀴즈 62 정답 : 신채호

의병의 항쟁_신돌석

조선을 삼키려는 왜적에 맞서 전국 각지에서 의병이 일어났습니다. 그 중 19세부터 의병 활동을 한 신돌석은 고향에서 자신의 신분이 드러나 전국 이곳저곳을 다니면서 일본군의 허점을 노렸습니다. 신돌석의 작전은 늘 바람처럼 빠르고 소리 없는 기습 작전으로 이루어져 일본군을 크게 당황케 했습니다. 안달이 난 일본군은 신돌석을 잡는 자에게 많은 상금을 주겠다고 선전하였으나 일본군은 신돌석 부대의 번개 같은 게릴라 작전에 늘 당하기만 하였습니다. 슬프게도 '태백산의 호랑이' 신돌석은 추운 겨울이 되어 의병 활동을 멈추고 있는 동안 현상금에 눈이 먼 부하에게 도끼로 목이 잘렸습니다. 신돌석은 비록 평민 출신이었지만 나라가 위태로울 때 가장 먼저 일어난 위대한 장군이었습니다.

양반 의병장, 최익현

"내 목은 자를지언정 내 머리칼은 자를 수 없다." 상투를 자르라는 단발령이 내려지자 최익현은 이렇게 반대했습니다. 최익현은 여러 양반 의병장 중에서도 특히 기개가 높고 자존심이 강했습니다. 그는 을사늑약 후인 1906

년 일흔네 살의 몸으로 전라도에서 의병을 일으켰으나 곧 체포되어 일본의 대마도로 유배를 가서 항의 단식을 하다가 몇 달 뒤 세상을 떠났습니다.

> 함께 익혀 둡시다

애국 계몽 운동

의병처럼 총을 들고 일본과 싸우는 사람들이 있는가 하면 나라를 구하기 위해서는 먼저 실력을 길러야 한다고 주장하면서 민족의 실력을 기르기 위해 여러 활동을 펼치는 사람들이 등장했고 이들의 활동을 '애국 계몽 운동'이라고 합니다. 애국 계몽 운동은 갑신정변을 일으킨 개화파와 독립문을 세운 독립 협회의 뒤를 잇는 운동이었습니다. 애국 계몽 운동에는 문학 운동뿐만 아니라, ① 신교육 구국 운동 ② 언론 계몽 운동 ③ 민족 산업 진흥 운동(실업 구국 운동) ④ 국채 보상 운동 ⑤ 신문화·신문학 운동 ⑥ 국학 운동 ⑦ 민족 종교 운동 ⑧ 해외 독립군 기지 창건 운동 등이 주요 내용을 이루었습니다.

국채 보상 운동을 벌이자 어떤 일이 일어났나요?

남자들은 담배를 끊었고, 여자들은 패물을 팔아 돈을 내거나 반지와 노리개를 냈고 기생들도 아낌없이 돈을 내었습니다.

> **Quiz 64**
> 을사늑약 2년 뒤 만국 평화 회의에 참석하여 세계 여러 나라에 일본의 침략 행위를 고발하고 잃어버린 외교권을 되찾기 위해, 고종의 밀명을 받고 세 사람의 조선인 특사(이상설, 이준, 이위종)가 간 곳은 어디입니까?

퀴즈 63 정답 : 손기정

시련의 역사

3·1 만세 운동_유관순

　3·1 만세 운동은 1919년 3월 1일 탑골 공원에서 시작된 독립 만세 운동으로 민족 대표 33인이 '독립 선언서'를 발표하고 전국 210여 개의 군에서 1500회가 넘는 시위가 있었는데 평화 시위였는데도 일제는 무자비한 탄압을 가했습니다. 3·1만세 운동은 국내외에 많은 영향을 끼쳤는데 우선 세계에 우리의 독립 의지를 알리는 계기가 마련되었고 또한 민족의 힘을 한 곳으로 모을 단체가 필요하다는 것을 깨닫게 되어 독립 운동가들은 중국 상해에 대한 민국 임시 정부를 세우게 되었습니다.

유관순

　1904년 충남 천안군에서 태어나 1916년 서울 이화 학당 보통과 3학년에 편입하였고, 1919년 3월 1일 탑골 공원에서 열린 '독립 만세 운동'에 참가한 뒤, 고향에서 만세 운동을 계획하였습니다. 같은 해 음력 3월 1일 아우내 장터에서 만세 운동을 이끌다 일

본 헌병에게 붙잡혀 1920년 혹독한 고문으로 감옥에서 숨졌습니다.

함께 익혀 둡시다 **안중근**

1909년 러시아로 간 안중근은 김기룡 등 12명과 함께 '단지회'라는 비밀 결사를 만들었습니다. 이때 이들은 이토 히로부미와 이완용을 없애기로 손가락을 잘라 피로 맹세했습니다. 그해 9월에 이토 히로부미가 하얼빈에 도착한다는 사실을 알고 암살 계획을 세웠습니다. 그날 일본인 기자로 변장하고 하얼빈 역에 숨어 들어가 3발의 권총을 쏘았습니다. 안중근은 대한 독립 만세를 외치다가 붙잡혀 1910년 뤼순 감옥에서 사형당했습니다.

폭탄을 던지며 독립 운동을 하신 분들은 누구누구인가요?

이봉창은 일본으로 건너가 1932년 일왕이 행렬을 할 때 일왕의 마차에 수류탄을 던졌으나 일왕 히로히토를 죽이는 데는 실패했습니다. 그리고 같은 해 윤봉길은 중국의 홍구 공원에서 일왕의 생일 행사에 도시락 폭탄을 던졌습니다.

> **Quiz 65**
> 안창호는 1907년에 (㉠)를 조직하여 전국적 규모의 비밀 독립 운동 단체를 이끌었고, 평양에 (㉡)를 세워 민족 교육에 힘썼으며 (㉢)은 1913년 미국 로스앤젤레스에 ㉠의 뒤를 이을 목적으로 설립한 민족 부흥 운동 단체입니다. ㉠, ㉡, ㉢은?

 대한 민국 임시 정부는 1919년 4월 13일 중국 상해에 세운 우리 나라의 임시 정부입니다. 임시 정부의 활동은 여러 방면에 걸쳐 이루어졌는데 먼저 교통국과 연통제라는 제도를 만들어 독립 자금을 모금하고 독립 투사들의 비밀 업무가 전달되었습니다. 그리고 일제의 침략 사실을 기록한 역사책을 편찬하였고, 김구의 지휘 아래 '한인 애국단'을 조직하여 무력으로 일제에 대항하였으며 1940년 9월에는 각지에 흩어져 있던 독립군을 모아 광복군을 조직했습니다. 광복군은 우리 나라로 들어가 일본과 싸울 작전을 세웠는데 국내에 들어오기 전에 일제의 항복으로 이 작전은 물거품이 되고 말았습니다.

광복군 OSS

 광복군은 대한 민국 임시 정부의 군대인데 임시 정부의 주석 김구는 광복군 안에 특수 부대를 만들었습니다. 이 부대를 '광복군 OSS'라고 했습니다. 김구의 목표는 이 특수 부대를 보내 국내 진공(진격) 작전을 펴는 것이었습니다. 김구는 임시 정부의 군대가 미군과 어깨를 나란히 하고 싸운 공적이 있어야만 당당한 독립군으로 인정받을 수 있을 거라고 생각했습니다.

함께 익혀 둡시다 **청산리 대첩과 봉오동 전투**

청산리 대첩은 김좌진 장군 지휘하에 독립군이 1920년 10월 21일 아침부터 10월 26일 새벽까지 6일간 중국 길림성 화룡현 이도구와 삼도구 일대에서 일본군을 크게 무찌른 전투입니다. 이 대첩은 독립군 전쟁 중 빛나는 승리이며, 또한 독립군은 물론 온겨레의 사기 앙양과 독립 정신 고취에 지대한 영향을 미쳤습니다. 1920년 홍범도 장군이 이끈 독립군이 두만강을 건너 함경북도에 주둔하고 있던 일본군 초소를 습격하여 60여 명이 사살됐습니다. 일본군은 대대적인 독립군 토벌에 나섰으나 독립군은 이미 험준한 계곡 지대인 봉오동에 숨었고 7일 계곡 깊숙한 곳으로 일본군을 끌어들이는 데 성공한 독립군은 일제히 사격을 시작하여 일본군은 157명이 사망, 독립군의 피해는 사망 4명뿐이었습니다. 봉오동 전투는 김좌진 장군이 이끈 청산리 전투와 함께 일제 시대 독립군 2대 대첩으로 불리고 있습니다.

독립군 2대 대첩 이후의 상황은요?

2대 대첩에서 크게 패한 일본군은 대대적인 토벌 작선을 벌여 독립군 부대는 하나 둘 러시아의 연해주로 떠났습니다.

> **Quiz 66** 우리 글을 아끼고 사랑하여 1910년 『국어문법』을 새롭게 다듬어 펴낸 분은 누구입니까?

퀴즈 65 정답 : ㉠ 신민회, ㉡ 대성 학교, ㉢ 흥사단

155
시련의 역사

해가 지지 않는 나라_빅토리아 여왕

빅토리아 여왕은 1837년에 18세의 젊은 나이로 왕위에 올라, 외사촌 관계이던 앨버트 공과 결혼하고 64년간 영국을 다스렸습니다. 여왕은 국회와 정부의 의견을 잘 받아들였기 때문에 국민들도 존경했습니다. 여자와 아이는 광산의 땅 속에 들어가 일하면 안 된다고 정해졌고 또한 하루 10시간의 노동이 정해져 그 이상 일을 시켜서는 안 되게 되었습니다. 이런 것이 정해진 것은 영국이 세계에서 맨 먼저였습니다. 다른 나라들도 차츰 영국과 같은 규칙을 만들어 노동자의 생활을 높여 가는데, 그것은 10년에서 50년 후의 일이었습니다. 1851년, 런던에서는 세계 최초의 만국 박람회가 열렸습니다. 만국 박람회는 산업 혁명을 이룩한 영국과 유럽의 발전 모습을 세계에 널리 알리기 위한 것이었습니다.

 세계 제일의 나라

빅토리아 시대의 영국을 지도한 것은 보수당의 디즈레일리와 자유당의 글래드스턴이었습니다.. 이 두 정치가는 영국을 세계 제일의 나라로 만들었고 산업이 발달함에 따라 근로자도 읽고 쓰기를 할 줄 알아야 한다는 글래드스

턴의 노력으로 초등 학교가 만들어
져서 학교에 가는 것은 국민의 의무
가 되었습니다.

함께 익혀 둡시다 **나이팅게일**

빅토리아 시대에 인도는 영국의 것이었고 중국에도 강력한 영향력을 갖고 있었습니다. 터키 제국에도 영국의 힘이 뻗쳐 있어, 러시아가 이 나라에 발을 붙이려 하자, 크림 전쟁을 통해 러시아를 쳐부쉈습니다. 이 싸움에 나이팅게일은 37명의 간호사를 데리고 종군해서, 자기 편만 아니라 적병까지도 간호했습니다. 나이팅게일의 활동에 힘입어 '국제 적십자사'가 만들어졌습니다.

왜 '해가 지지 않는 나라'라는 별명이 생겼나요?

하루 중 어느 때라도 해가 영국의 영토(식민지 포함)를 비추지 않을 때가 없었기 때문입니다.

> **Quiz 67**
> 대영 제국의 기틀을 잡은 여왕으로, 프로테스탄트 교 신자여서 가톨릭 신자들을 탄압하여 이복 언니인 메리 스튜어트까지 처형했지만 이 여왕의 통치 시기에 눈부신 발전을 이룬 잉글랜드는 그 후 스코틀랜드, 웨일즈와 통일을 이루어 영국으로 거듭나고, 전세계를 주름잡는 대영 제국으로 발전하게 되었습니다. 이 여왕은 누구입니까?

철혈 정책_비스마르크

1867년 파리 만국 박람회로부터 3년 후, 프랑스의 황제 나폴레옹 3세와 프로이센의 수상 비스마르크는 전쟁을 하게 되었습니다. 비스마르크는 작은 나라로 갈라져 있던 독일을 자기 힘으로 통일하고 싶었는데, 나폴레옹 3세는 프랑스의 이웃에 강력한 나라가 생기는 것을 꺼려하여 갖가지 수단으로 프로이센을 누르려고 했습니다. 결국 두 나라 사이에 전쟁이 벌어져 나폴레옹 3세는 끝내 항복하고 말았습니다. 1871년, 베르사유 궁전에서 프로이센 왕 빌헬름 1세는 독일 제국 황제의 자리에 즉위하였습니다.

 ## 비스마르크

비스마르크는 1815년 독일을 이루던 여러 나라들 가운데 가장 강력하던 프로이센에서 태어나 1851년부터 독일 연방 의회에서 활동하다가 1862년 프로이센의 총리가 되어 국왕 빌헬름 1세를 도와 '철혈 정책'을 추진하고 군대를 키워 오랫동안 갈라져 있던 독일을 하나의 나라로 통일하였으며 1871년 통일된 독일 제국의 총리가 되었습니다.

함께 익혀 둡시다 **철혈 재상**

빌헬름 1세는 비스마르크와 함께 세금을 늘려 군대를 키우려는 정책을 세웠습니다. 대부분의 의원들은 이 일에 격렬하게 반대했습니다. 그러자 비스마르크는 직접 의회로 갔습니다. "여러분! 오늘날 우리 프로이센에 닥친 중대한 문제를 토론이나 투표로 해결할 수 있다고 생각하십니까? 그렇지 않습니다. 이런 문제는 오직 철과 피를 통해서만 해결할 수 있습니다." 철과 피, 그것은 무기와 죽음을 뜻했고, 그것은 다시 전쟁을 의미했습니다. 이 연설 후 비스마르크는 '철혈 재상'이라는 별명을 얻었습니다.

통일 이전의 '독일 연방'은 어떠했나요?

오스트리아·프로이센·바이에른·작센·하노버 등 35개의 군주국과 4개의 자유 도시를 통합하여 조직된 연방으로 각국 대표로 구성된 연방 의회를 프랑크푸르트에 설치하였으며, 오스트리아가 의장국으로서 주도권을 장악하였습니다.

Quiz 68

독일의 본에서 태어난 '음악의 성인'입니다. 연주자와 작곡가로 활동하다가 1800년 무렵부터 귓병을 앓은 후로는 작곡에만 몰두했습니다. 힘과 정열이 넘치는 개성적 작품들을 많이 작곡한 이 음악가는 누구입니까?

사회주의_마르크스

유럽이 산업 혁명을 이루고 많은 식민지를 세워 부를 쌓았다고 해서 유럽에 사는 모든 사람들이 부유해진 것은 아니었습니다. 부유해진 것은 상공업자들뿐이고 이들 밑에서 일하는 노동자들은 가난에 찌들려 비참한 생활을 했습니다. 노동자들은 하루에 스무 시간 가까이 일했고, 그렇게 일해도 먹고 살만큼의 돈을 벌지 못했습니다. 마침내 사람들은 이런 제도의 문제점을 깨닫게 되었고 그래서 노동자의 권리를 보호하려는 운동이 사방에서 일어났는데 이를 '사회주의 운동'이라고 합니다.

 마르크스

1818년 독일에서 태어나 대학에 입학한 뒤 유럽 사회의 여러 문제점을 깨닫고, 차츰 사회주의 사상을 품게 되었습니다. 1848년 공산주의자 동맹의 강령인 '공산당 선언-만국의 노동자여, 단결하라!'를 발표하였고 1848년 유럽 곳곳에서 혁명이 일어나자 이에 열정적으로 참여했습니다. 그러나 혁명이 모두 실패하자 영국의 런던으로 망명하여 자본주의 제도의 문제점을 밝힌 『자본론』을 펴냈습니다.

> **함께 익혀 둡시다**   러시아

16세기 중엽 이반 4세가 나타나서 귀족의 세력을 누르고 '황제'라고 칭하기 시작했습니다. 그 후 표트르 대제가 나타나서 서 유럽을 여행하고 돌아와, 그 문화를 도입하려고 애를 썼습니다. 1700년 스웨덴과 북방 전쟁을 벌여 많은 땅을 차지했고, 상트페테르부르크를 새 수도로 건설했습니다. 표트르 대제 이후 얼마 있다가 여자 황제 예카테리나 2세가 자리에 올랐는데, 프로이센의 프리드리히 대왕과 오스트리아의 마리아 테레지아를 꾀어 세 나라 사이에 들어 있던 폴란드를 분할 점령하고 말았습니다. 폴란드 인은 훌륭한 문화를 가진 민족이었지만 귀족의 세력이 강하여 나라의 통일이 이루어지지 않았습니다. 그 틈에 세 강대국의 먹이가 된 셈이었습니다.

공산주의는 무엇인가요?

사회주의 운동에는 많은 갈래가 있는데 그 중 공산주의라고 불린 운동은 단순히 노동자들을 보호하는 데 그치지 않고, 아예 노동자들이 지배하는 세상을 만들어야 한다고 주장했습니다.

> **Quiz 69**
> 마르크스는 역시 사회주의자이던 이 사람과 깊은 사상적 교류를 나누었습니다. '공산당 선언'도 이 사람과 함께 써서 발표했는데 이 사람은 누구입니까?

시련의 역사

161

퀴즈 68 정답 : 뾔토뾔

다이너마이트_노벨

　노벨은 스톡홀름 출생으로 1850년 미국으로 유학하여 4년 동안 기계 공학을 배웠습니다. 크림 전쟁 후 스웨덴에서 폭약의 제조와 그 응용에 종사하고 있던 아버지의 사업을 도와 폭약의 개량에 몰두하여 1863년 니트로글리세린과 흑색 화약을 혼합한 폭약을 발명하고, 그 이듬해 뇌홍(雷汞)을 기폭제로 사용하는 방법을 고안하여 아버지와 동생과 함께 이의 공업화에 착수하였습니다. 그러나 이 과정에서 공장이 폭파되어 동생과 종업원이 희생되었는데 여기서 그는 니트로글리세린이 바로 액체라는 점에 위험의 원인이 있다고 인정하고, 1867년 이것을 규조토에 스며들게 하여 안전하게 만든 고형 폭약을 완성하여 이에 다이너마이트라는 이름을 붙였습니다. 과학의 진보와 세계의 평화를 염원한 그의 유언에 따라 스웨덴 과학 아카데미에 기부한 유산을 기금으로 1901년부터 노벨 상 제도가 실시되었습니다.

노벨 상

　전쟁이 그치지 않는 이 세상에 조금이라도 도움이 되길 바라는 마음으로 노벨은 상을 주기로 했습니다. 노벨 상은 인류의 복지와 평화에 큰 도움을 준 사람들로 물리학, 화학, 생리 의학, 문학, 평화 이렇게 다섯 부분에서 뛰어난 공로를 세운 사람에게 줍니다.

함께 익혀 둡시다 **노벨 상 선정**

노벨 상 대상은 첫째 그해에 인류의 복리 증진과 과학에 있어서 가장 커다란 업적을 남긴 최근의 '발견', '발명' 혹은 '개선' 등을 해낸 사람. 둘째 국적 불문. 셋째 수여 순간까지 생존해야 한다는 것입니다. 그리고 노벨 상 위원 선정을 보면 스웨덴의 왕립 과학 아카데미는 노벨 상 수상자의 선정을 위한 추천권자의 선정과 추천된 후보자들의 업적에 대한 평가를 위해 각 위원회별로 5명으로 구성된 노벨 상 위원들을 임명하고 임기는 3~5년입니다.

노벨 상을 탈 수상자들은 노벨의 조국인 스웨덴의 학술 단체들이 선정하는데, 왜 평화상만 이웃 나라인 노르웨이에서 결정하고 시상식도 노르웨이에서 열립니까?

그것은 노벨이 살아 있을 때까지 스웨덴과 노르웨이가 한 나라였던 것을 기념하기 위해서입니다.

Quiz 70 우리 나라 사람으로서 처음으로 노벨 상 (2000년, 평화상)을 수상한 사람은 누구입니까?

163
시련의 역사

퀴즈 69 정답 : 엑걸스

일곱째 마당

비극의 역사

8·15 광복_신탁 통치

　1945년 8월 6일 아침 8시쯤, 일본 히로시마의 하늘에 은빛 B29기가 나타났습니다. 미국의 폭격기였습니다. 잠시 후 폭격기에서 뭔가가 떨어졌고 약 50초 후, 번쩍하는 빛과 함께 거대한 버섯 구름이 피어 올랐습니다. 세계 역사상 최초로 원자 폭탄이 사용된 것이었습니다. 히로시마는 순식간에 잿더미로 변하고 폭탄이 떨어진 곳으로부터 500미터 안쪽에 있던 사람들은 그 자리에서 죽고 말았습니다. 사흘 뒤인 8월 9일, 미국은 이번엔 나가사키에 원자 폭탄을 떨어뜨렸습니다. 뿐만 아니라 하루 전인 8월 8일에는 소련이 일본과 싸우겠다고 선전 포고를 했습니다. 더 이상 견딜 수 없었던 일본은 마침내 무조건 항복을 선언했습니다.

8·15 광복

　1945년 8월 15일 정오, 라디오에서 일본 천황 히로히토의 일본 항복이라는 목소리가 흘러 나왔습니다. 일본의 항복은 곧 조선의 해방을 뜻했습니다다. 사람들은 거리로 뛰쳐나와 만세를 불렀습니다. 만 35년 동안 일본의 식민지가 되어 온갖 고통을 겪어야 했던 사람들은 이제 잃었던 나라를 다시 세우고, 자유롭고 행복하게 살 희망을 품었으나 희망은 금방 이루어질 수 없었습니다. 한반도가 강대국들의 이익 다툼의 현장이 되었기 때문입니다.

함께 익혀 둡시다 **신탁 통치**

해방된 지 넉 달 후 소련의 수도 모스크바에서 미국, 영국, 소련의 세 나라 외무 장관들이 모여 한반도의 운명을 결정하는 회의를 열었습니다. 이 회의를 '모스크바 삼상 회의'라고 하는데 여기서 미국은 미국, 영국, 중국, 소련 4개국이 한반도를 5년 동안 '신탁 통치'하자는 의견을 내놓았습니다. 신탁 통치란 강대국들이 우리 나라를 대신 통치하는 것을 말합니다.

 ## 냉전 시대란 어떤 시대인가요?

사회주의와 자본주의는 2차 세계 대전이 끝난 뒤부터 약 50년 동안 치열하게 대립했는데 비록 총탄이 쏟아지는 뜨거운 전쟁은 아니지만 그 못지않은 전쟁이었습니다. 그래서 이때를 '차가운 전쟁'의 시대 즉 '냉전' 시대라고 부릅니다.

> **QUIZ 71** 2차 세계 대전 후 우리처럼 사회주의와 자본주의 둘로 갈라진 나라들이 또 있습니다. 어느 나라입니까?

비극의 역사

38선을 넘다_김구

일본이 항복 선언을 하자마자 미국과 소련은 북위 38도선을 경계선으로 삼아 한반도를 남북으로 나누어서 남쪽에는 미군이, 북쪽에는 소련군이 각각 들어가 일본군의 항복을 받자고 약속했습니다. 이렇게 해서 그어진 38선은 오늘날까지 우리 민족을 둘로 갈라놓고 있는 운명의 선이 되었습니다. 해방된 지 3년이 다 되도록 우리 민족은 여전히 독립 국가를 세우지 못하고 남과 북으로 갈린 채로 있었습니다. 그러던 중 갑자기 북위 38도선을 기준으로 남쪽만 선거를 하여 정부를 수립한다는 발표가 났습니다.

38선을 넘는 김구

김구는 38도선 이남만의 선거를 온 힘을 다해 반대했습니다. 찬성한 건 이승만과 그 지지자들이었습니다. 김구는 나라의 분단을 막기 위해 북한의 정치가들과 회담을 해야겠다고 결심하고 마침내 1948년 38도선을 넘어 북쪽으로 가서 김일성을 비롯한 북한의 주요 정치가들과 만나 회의를 열어 몇 가지 사항을 결의하고 서울로 돌아와 결의 사항을 행하려고 했지만 역부족이었습니다. 남한만의 선거는 예정대로 실시되었는데 이것을 5·10 선거라고 합니다.

함께 익혀 둡시다   '나의 소원'

호가 백범인 김구의 자서전 『백범일지』에서 너무나 유명한 「나의 소원」의 일부를 옮겨보겠습니다. " '네 소원이 무엇이냐?' 하고 하느님이 물으시면, 나는 서슴지 않고, '내 소원은 대한 독립이요' 하고 대답할 것이다. '그 다음 소원은 무엇이냐?' 하면, 나는 또, '우리 나라의 독립이요' 할 것이오, 또 '그 다음 소원이 무엇이냐?' 하는 세 번째 물음에도, 나는 더욱 소리를 높여서, '나의 소원은 우리 나라 대한의 완전한 자주 독립이요' 하고 대답할 것이다. 동포 여러분! 나 김구의 소원은 이것 하나밖에 없다."

5·10 선거 후 어떻게 되었나요?

선거 후 남한에는 1948년 8월 15일 이승만을 대통령으로 하는 대한 민국 정부가 세워졌고, 뒤이어 북한에서도 9월 9일 조선 민주주의 인민 공화국 정부가 세워졌습니다.

> **Quiz 72**
> 5·10 선거를 앞두고 남한만의 단독 선거에 반대하는 운동이 각지에서 일어났습니다. 그 중 제주도에서 일어나 제주도 마을들 중 3분의 2가 불타고 제주도민이 떼죽음을 당한 단독 반대 선거 운동은 무입니까?

비극의 역사

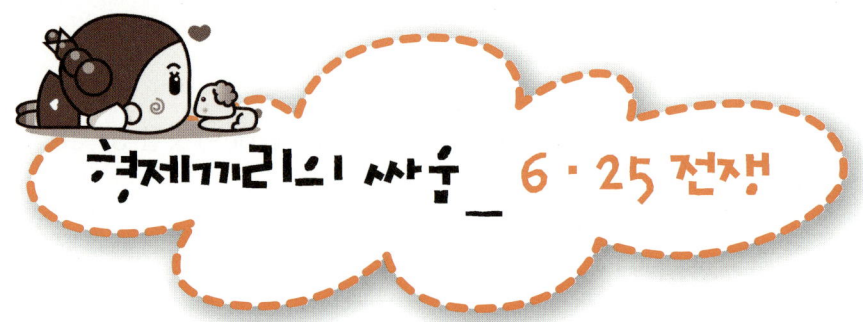

형제끼리의 싸움 _ 6·25 전쟁

　미국과 소련의 냉전은 갈수록 심해졌고 그와 더불어 남과 북의 사이도 갈수록 나빠져서 결국 남과 북에 각각 정부가 들어선 지 2년 만에 전쟁이 터지고 말았습니다. 1950년 6월 25일 일요일 새벽, 북한 인민군의 대포들이 일제히 불을 뿜기 시작하며 38도선을 넘어 불법 남침을 해왔습니다. 병력과 장비에서 너무나 뒤졌던 국군은 맨주먹으로 맞서다 후퇴를 거듭하여 6월 28일에는 수도 서울을 공산군에게 빼앗기고 말았습니다. 피를 흘리며 후퇴를 거듭하던 국군은 8월에 대구 북방에 저항선을 구축하였습니다.

유엔군 참전

　유엔 안전 보장 이사회는 북한 공산군을 침략군으로 규정하고 유엔군 파견을 결의하였습니다. 미국, 영국, 프랑스 등 16개 국이 유엔의 이름으로 참전했고, 9월 15일 유엔군 사령관 맥아더 장군은 역사적인 인천 상륙 작전을 성공시켜 9월 28일 서울을 되찾았습니다. 국군과 유엔군은 평양을 점령하고 북진을 계속하여 압록강에까지 이르렀는데 중공군이 인해 전술을

펴며 침략해와 1951년 1월 4일 한강 이남으로 후퇴하였습니다.

함께 익혀 둡시다 **전쟁이 남긴 상처**

전쟁은 남북한 모두에게 치명적인 타격을 주었고 33만 명에 달하는 유엔군과 180만 명에 이르는 공산군 사상자를 내었으며, 제1차 세계 대전의 전쟁 비용과 맞먹는 150억 달러가 우리 강산을 파괴시켰습니다. 이 엄청난 전쟁으로 부모, 형제, 부부 등 사랑하는 이들의 죽음과 생이별에 온 민족이 울었고 생활 터전은 잿더미가 되었습니다. 이 전쟁은 인류 역사에서 가장 잔악한 전쟁이었습니다. 전쟁 후 남과 북의 사이는 거의 회복이 불가능할 정도로 더 나빠져 서로를 적으로, 아니 원수로 여기게 되고 말았습니다. 이것이 전쟁이 남긴 가장 깊은 상처입니다.

6·25 전쟁은 국제적으로는 **어떤 영향**을 미쳤나요?

전쟁은 국제적으로도 큰 영향을 미쳤습니다. 6·25 전쟁 덕분에 불경기에 시달리던 일본과 미국은 전쟁에 필요한 무기, 약품, 음식 등을 팔아 많은 이익을 얻었습니다.

> **Quiz 73**
> 소련의 유엔 대표가 휴전을 제의하여 1953년 7월 27일 유엔군 대표인 미국의 해리슨 소장과 북한 대표 남일 중장은 휴전 협정에 서명했고, 이로써 3년에 걸친 전쟁은 막을 내렸습니다. 휴전 협정을 한 장소는 어디입니까?

비극의 역사

　남북 이산 가족의 인도적 재회를 목적으로 열린 남북 적십자사 간의 회담입니다. 제1차 본 회담은 1971년부터 시작되어 5차례의 파견원 접촉과 25차례의 예비 회담을 거쳐 1972년 8월 29일 평양에서 열렸고 그 후 서울과 평양을 회담 장소로 본 회담이 개최되었습니다. 제1, 2차 회담에서는 남북 이산 가족과 친척들의 주소 및 생사 확인, 자유로운 방문과 상봉, 자유로운 서신 왕래, 자유 의사에 의한 재결합 문제와 기타 인도적으로 해결할 문제 등 5개항의 의제에 대해 합의했습니다. 그러나 1972년 제3차 회담부터 1973년 제7차 회담까지 북한측이 본 회담의 선결 조건으로 내세운 '반공 입법들의 폐지와 반공 기관 및 단체들의 해산' 문제를 둘러싸고 양측이 이견을 좁히지 못해 교착 상태에 빠졌고 이후 중단된 회담의 재개를 위해 노력을 했으나, 별다른 성과를 거두지 못하고 있던 차에 1984년 9월 18일 수해 물자의 인도·인수를 위한 남북 적십자사 간의 실무자 접촉을 계기로 3차례의 본 회담이 재개되었습니다.

 **8차 회담**

　1985년 개최된 8차 회담은 남북한이 분단된 이래 처음으로 공식적인 합

의를 거쳐, 제한된 수이긴 하지만 이산 가족 상봉의 결실을 가져왔다는 데 의의가 있습니다.

함께 익혀 둡시다 남북 이산 가족 상봉

남북한에는 6·25 전쟁 이후 약 1000만 명의 이산가족들이 있습니다. 이에 1971년 8월 12일 대한 적십자사는 이산 가족들의 인간적 고통을 덜어주고 궁극적으로 그들의 재결합을 주선해 주기 위해 남북 적십자 회담을 개최할 것을 조선 적십자회에 제의했습니다. 이틀 뒤 조선적십자회 손성필 중앙 위원회 위원장이 방송을 통해 대한 적십자사의 제의를 받아들인다는 것을 발표해 판문점 접촉을 갖기로 하여 분단 이후 처음으로 남북한 간에 대화가 시작되었습니다. 제8차 본 회담에서 1985년 8월 15일을 기해 '남북 이산 가족 고향 방문 및 예술 공연단'의 교환 방문을 실시하는 데 합의하고, 이후 구체적인 절차 문제를 협의하여 모두 20개항에 합의했습니다. 이로써 1985년 9월 20~23일의 3박 4일간 '남북 이산 가족 고향 방문 및 예술 공연단'의 동시 교환 방문이 실현되었습니다. 평양을 방문한 남한의 방문단은 9월 21, 22일 이틀간에 이루어진 상봉에서 35명이 41명의 가족·친지들과 만났으며, 서울을 방문한 북한의 방문단 30명이 51명의 가족·친지를 만났습니다. 이산 가족 고향 방문 사업은 비록 방문 지역과 방문단 규모가 제한되었고 추진 과정에서 다소 미흡한 점이 있었지만 분단 40년 만에 처음으로 이산 가족이 직접 남북한을 왕래하면서 가족·친지들과 만났다는 점에서 그 의미가 크다고 할 수 있습니다.

> **Quiz 74** 이산 가족 문제 해결을 위한 남과 북의 적십자 단체 책임자들이 벌이는 회담인 남북 적십자 회담은 어디서 개최되었습니까?

비극의 역사

사라예보의 총성_제1차 세계 대전

20세기 초 유럽 국가들 사이에서 경쟁이 심할 때, 몇몇 국가는 뭉쳐서 연맹을 결성하고 공격을 받으면 서로 돕기로 약속했습니다. 이렇게 해서 독일, 오스트리아-헝가리, 이탈리아는 삼국 동맹(후에 동맹국)을 맺었고 영국, 프랑스, 러시아는 삼국 협상(후에 연합국)을 맺었습니다. 그러나 전쟁의 불씨는 보스니아의 사라예보에서 당겨졌습니다. 오스트리아-헝가리 황태자 프란츠 페르디난트가 1914년 세르비아의 청년에게 살해되었던 것입니다. 오스트리아-헝가리는 세르비아에 전쟁을 선포했고 이에 러시아는 세르비아를 보호한다며 군대를 보냈으며 곧 독일, 프랑스, 영국도 제1차 세계 대전에 휘말렸습니다.

 제1차 세계 대전

전쟁은 두 전선을 중심으로 진행되었는데, 벨기에와 프랑스를 가로지르는 서부 전선과 러시아 국경선을 따르는 동부 전선이었습니다. 양쪽 모두에서 수백만 명의 군인들이 죽어 나갔습니다. 1917년에는 미국이 전쟁에 참여해 연합국을 도왔고 1918년에 마침내 미국을 비롯한 연합국이 동맹국을 이겨서 제1차 세계 대전을 끝맺을 수 있었습니다.

함께 익혀 둡시다 러시아 혁명

당시 러시아는 차르 니콜라이 2세가 다스리고 있었는데 많은 러시아 사람들이 차르가 나라를 다스리는 방식에 불만을 품었습니다. 제1차 세계 대전이 끝나가던 1917년, 굶주림에 지친 수많은 노동자와 병사들이 먹을 것을 달라고 외치며 거리로 뛰쳐나왔습니다. 뒤따라 혁명이 일어나 차르가 정권에서 물러나고 레닌이 이끄는 공산당이 정권을 잡았습니다. 공산당은 차르의 귀족 정부가 아닌, 모든 국민이 참여하는 정부를 만들고자 했습니다. 이들은 러시아 국민의 이름으로 모든 토지와 재산과 공장을 몰수하여 국가의 재산으로 만들었습니다.

 제1차 세계 대전 후 어떤 변화가 있었나요?

러시아 혁명 후 폴란드가 독립하였고 오스트리아는 황제가 없는 민주적인 공화국이 되었습니다. 그리고 여성에게도 참정권이 주어졌으며 남녀의 평등한 보통 선거가 일반화되었습니다.

> **Quiz 75** 승리한 연합국 지도자들은 파리의 베르사유 궁전에 모였는데 미국의 이 대통령은 세계 평화를 지키기 위해 국제 연맹을 만들고, 모든 나라들이 힘을 모아 전쟁을 하지 말자고 호소하였습니다. '민족 자결의 원칙'을 제안한 미국의 대통령은 누구입니까?

비극의 역사

비폭력 평화주의_간디

인도는 오랫동안 영국의 식민지로서, 엄청난 핍박을 받고 살아왔습니다. 인도인은 제1차 세계 대전이 끝나면 자치권을 주겠다는 영국인의 약속을 믿고 병력과 물자를 제공했으나 승리한 영국은 인도를 놓아줄 생각이 없어졌습니다. 간디와 네루는 이 같은 영국의 태도를 맹렬히 비난하다가 감옥에 갇히기도 했습니다.

간디

인도의 사상가이자 민족 운동 지도자인 간디는 흔히 '마하트마 간디'라고 불리는데, 마하트마란 '위대한 영혼'이라는 뜻으로 인도인들이 존경을 담아 부르는 이름입니다. 법률을 공부하여 변호사가 된 뒤 1893년 남아프리카로 갔습니다. 이때 남아프리카의 인도인들이 백인들에게 엄청난 차별을 당하는 것을 보고 인종 차별에 반대하는 운동을 펼쳤습니다. 그는 평생 평등과 비폭력의 사상을 일관되게 지켰습니다. 비폭력 저항의 방식은 차별적인 식민지 법령에 대한 불복종, 납세 거부, 영국 상품 불매 운동 등이었습니다. 간디의 비폭력주의는 미국의 흑인 인권 운동가 마틴 루터 킹 목사에게 이어져 전 세계의 억압받는 사람들에게 큰 가르침을 주었습니다.

함께 익혀 둡시다 — 네루 --

1929년 라호르 국민 회의당 대회에서 간디가 의장으로 지명한 이후 1964년 총리 재임중 사망할 때까지 네루는 국민의 영웅이었습니다. 표면적으로 네루와 간디는 대조적이었는데, 간디는 종교적이고 전통적인 태도를 가졌고 네루는 비종교적·정치적 입장을 견지했습니다. 또 네루가 점진적 근대화의 이상을 추구한 데 비해 간디는 고대 인도의 영광을 뒤돌아보았습니다. 네루는 인도를 발달된 과학·기술의 세계로 이끌어가고자 골몰했으며, 인도인들의 마음 속에 빈민과 천민에 대한 사회적 관심의 필요성과 민주적 가치를 존중하는 시민 의식을 심었습니다.

 힌두교란 어떤 종교인가요?

세계에서 가장 오랜 종교의 하나인 힌두교는 문자 그대로는 '인도의 종교'를 뜻하며, 인도에서 기원된 모든 종교, 즉 바라문교·자이나교·불교 등을 포함하는 말입니다.

> **Quiz 76**
> 1945년 인도에서는 힌두교 신자들과 이슬람교 신자들이 대립하고 있었는데 간디의 화해 호소에도 불구하고 두 세력 사이의 갈등은 깊어만 갔습니다. 결국 1947년 인도는 힌두교 지역인 인도와, 이슬람교 지역인 이 나라로 분리된 채 독립되었습니다. 어느 나라입니까?

비극의 역사

처칠은 1874년 영국에서 태어나 육군 사관 학교를 졸업하고 1906년부터 여러 관직을 거치며 활동했습니다. 1930년대에 독일에 히틀러 정권이 들어서자 이를 막을 국방력을 갖춰야 한다고 주장했으며, 1939년 제2차 세계 대전이 벌어지자 그 다음 해에 영국의 총리가 되었습니다. 독일이 영국에 전투기로 맹렬한 폭격을 퍼붓는 동안 강인한 지도력으로 영국을 이끌었습니다. 또한 훌륭한 외교 능력을 발휘해 미국과 소련을 동맹 세력으로 끌어들였습니다.

승리의 V

제2차 세계 대전이 시작되어 영국은 독일에 선전 포고를 했지만 체임벌린 총리가 이끄는 정부는 쩔쩔매기만 했습니다. 그러자 영국인들은 처칠을 떠올렸습니다. 처칠은 1차 대전이 끝난 뒤에도 다시 전쟁이 일어날 가능성이 많으니, 그에 대한 준비를 철저히 해야 한다고 부르짖었기 때문입니다. 그래서 처칠은 총리가 되었고 그 후 처칠은 전쟁을 이기기 위해 바쁘게 돌아다녔습니다. 그리고 어디를 가든지 손가락 두 개를 펼쳐 들어 V자를 그리는 것을 잊지 않았습니다. 그것은 승리라는 뜻의 영어 Victory의 첫 글자였습니다. 결국 연합국은 길고 힘든 전쟁 끝에 승리를 얻었고, 그때부터 V자는 승리를 나타내는 표시가 되었습니다.

함께 익혀 둡시다   **세 회담**

1. 카이로 회담 : 제2차 세계 대전 말엽인 1943년 11월 22일 연합국 측의 루스벨트 미국 대통령, 처칠 영국 수상, 장개석 중국 총통이 이집트 수도 카이로에서 연 회담. 일본이 타국으로부터 약탈한 영토를 원 소속 국가에 돌려줄 것을 결의했는데 특히 한국에 대하여 특별 조항을 넣어 "현재 한국 인민이 노예 상태하에 있음에 유의하여 앞으로 한국을 자유 독립 국가로 할 결의를 가진다."라고 명시하여 처음으로 한국의 독립이 국제적으로 보장을 받았습니다.

2. 얄타 회담 : 1945년 2월 4일~11일, 소련의 얄타에서 미(루스벨트)·영(처칠)·소(스탈린)의 3국 수뇌가 참석한 회의. 전쟁 완수 및 전후(戰後)처리, 국제 안전 보장 기관의 창설에 관한 사항 등에 대하여 중요한 협정을 맺었습니다.

3. 포츠담 회담 : 1945년 7월 17일부터 8월 2일까지 독일 베를린 교외 포츠담에서 개최된 제2차 세계 대전 중의 연합국 회담. 미국 트루먼 대통령, 영국 처칠 총리, 소련 스탈린 수상이 참석. 회담 주요 의제는 패전국 독일에 대한 처리 문제, 오스트리아 점령지 문제, 동유럽에서 러시아의 역할 문제 및 일본 문제 등이 논의되었습니다.

Quiz 77 1953년 12월에 『제2차 세계 대전 회고록』이란 회상록으로 노벨 문학상을 받은 사람은 누구입니까?

비극의 역사

제2차 세계 대전_히틀러

　1918년에 체결한 평화 협정에서 독일은 전쟁에 참가한 대가를 혹독하게 치러야 했습니다. 그 결과 독일에서는 극단적인 민족주의자가 나타나서, 국가 사회 주의자 당(나치스)의 지도자 아돌프 히틀러가 1930년대에 권력을 잡게 되었습니다. 히틀러가 이끄는 독일은 1939년 폴란드를 침략했고, 세계의 국가들은 다시 한 번 둘로 갈라져서 전쟁을 하게 되었습니다. 전쟁은 추축국(독일, 이탈리아, 일본)과 연합국(영국, 프랑스, 러시아, 미국) 사이에서 벌어졌습니다. 유럽과 아프리카와 아시아의 많은 나라들이 전쟁터로 변했고 이제 전쟁 무기가 된 비행기들이 도시에 폭탄을 떨어뜨려 건물이 몇 백만 채나 부서지고 많은 사람들이 죽어 갔습니다. 1945년 일본의 히로시마와 나가사키에 원자 폭탄이 떨어지고 나서야 마침내 전쟁은 끝이 났습니다.

나치주의

　나치 당은 온 세계에서 독일 민족보다 뛰어난 민족은 없다고 말했습니다. 그러므로 독일 민족을 괴롭히는 다른 나라들을 힘으로 무찔러야 한다고 주장했습니다. 그리고 가장 하찮은 민족인 유대인은 세상에서 싹 몰아내야 한다고 외쳤습니다. 이러한 나치 당의 주장을 나치주의라고 합니다.

함께 익혀 둡시다 **파시즘**

사람들이 전쟁 후유증을 앓는 동안 다른 한편에서는 새로운 질서가 준비되고 있었습니다. 국가가 모든 것을 좌우하는 전체주의였는데, 파시즘이라고 합니다. 파시즘은 이탈리아, 독일, 에스파냐 그리고 그 밖에 많은 독재 국가에서 기세를 떨쳤습니다. 파시즘의 가장 중요한 특징으로 꼽을 수 있는 것은 국가의 이익을 개인의 자유와 인권보다 앞세우고, 국가의 지도자에게 완전히 복종할 것을 강요하는 것입니다. 또 복종과 효율성만 따지는 군사 문화와 전투 및 정복 활동을 찬양하고 국가나 민족을 신성시하고 있습니다.

태평양 전쟁은 언제 어떻게 시작되었나요?

1941년 12월 8일 일본 해군은 하와이의 진주만을 기습하여, 미국과 일본이 전쟁으로 들어갔고, 1945년 8월 15일까지 일본과 미국·영국·네덜란드 등의 연합국 사이에 전쟁이 벌어졌습니다.

Quiz 78 히틀러를 믿고 싸우다가 전쟁에 진 또 한 나라는 이탈리아였습니다. 이 사람은 당시 이탈리아가 가난하고 나태한 것을 못마땅히 여겼고, 이탈리아는 이 사람의 지도로 강국이 되기를 꿈꾸었습니다. 이 사람은 누구입니까?

비극의 역사

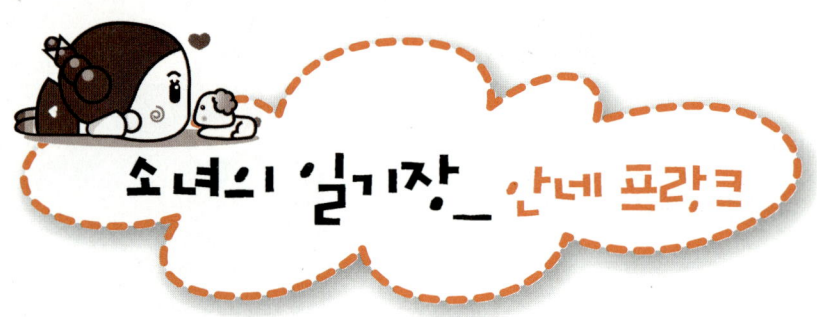

소녀의 일기장_안네 프랑크

나치 독일이 저지른 수많은 범죄 가운데서도 사람들이 가장 크게 치를 떤 사건은 '유대 인 대학살'입니다. 유대 인 대학살은 제2차 세계 대전 동안 나치 독일이 유대 인들을 전멸시키려는 목적으로 자행하였는데 영어로는 보통 홀로코스트라고 합니다. 나치는 공산주의자들, 동성 연애자들, 로마 인들(집시), 불구자들, 정신 박약자들, 소련의 전쟁 포로들도 유대 인들과 함께 죽였습니다. 이들은 대부분 집단 수용소에 옮겨져 조직적으로 학살되었는데 제2차 세계대전 중 나치에 의해 숨진 유대 인은 600만 명이라고 합니다.

안네 프랑크의 일기

1929년 독일에서 태어난 안네의 가족은 옛 이스라엘 사람들의 후손인 유대 인이었습니다. 히틀러가 유대 인을 탄압하자 안네의 가족은 네덜란드로 이사했으나, 1941년 독일이 네덜란드를 점령하자 안네의 가족은 유대 인 강제 수용소로 끌려가는 일을 피하기 위해 한 건물의 구석방에 숨어 살기 시작했습니다. 1944년 나치 비밀 경찰들에게 발각되어, 1945년 언니와 함께 강제 수용소에서 숨졌습니다. 전쟁이 끝났을 때 살아 남은 가족은 아버지뿐이었고 아버지는 나중에 안네가 구석방에서 2년 동안 꼼꼼히 쓴 일기를 건네 받았습니다. 1947년 『안네의 일기』가 출판되었습니다.

> **함께 익혀 둡시다**

아인슈타인

독일에서 태어난 아인슈타인은 1905년에 〈특수 상대성 이론〉을 발표, 뉴턴의 이론을 뒤집어서 사람들에게 큰 충격을 주었습니다. 1916년 특수 상대성 이론을 더욱 발전시킨 〈일반 상대성 이론〉을 발표하여 1921년에 노벨 물리학상을 받았습니다. 그런데 20세기 최고의 물리학자인 아인슈타인은 유대 인이었습니다. 그래서 나치가 유대 인을 탄압하자, 1933년 미국으로 건너갔습니다. 제2차 세계 대전 중 독일이 원자 폭탄을 연구하자 미국의 루스벨트 대통령에게 이에 대비해야 한다는 편지를 보내었고, 그 결과 미국에서 원자 폭탄 연구가 시작되었습니다.

왜 독일은 유대 인을 미워했나요?

「베니스의 상인」에서 보듯 셰익스피어라는 대 문호조차 유대 인을 매우 싫어하였는데 그 이유는 그들이 뛰어난 상술로 재산을 모았기 때문입니다. 유대 인이 독일 경제의 30~40%를 차지하였으니 당연한 일입니다.

> **Quiz 79** 폴란드에 있는 옛 수용소로, 나치가 세운 강제 수용소 중에서 최대 규모였으며 여기서 수백만의 유대 인들이 독가스에 대량 학살당했습니다. 여기는 어디입니까?

비극의 역사

지구촌의 여러 지역 중 아프리카는 복잡 다양한 문화와 언어, 종교만큼이나 수많은 종족들이 사회를 이루고 있어 끊임없는 분쟁과 갈등이 매일같이 발생하는 지역이기도 합니다. 250개가 넘는 종족이 서로를 적대시하며 살아가고 있는 나이지리아는 아프리카 종족 분쟁의 표본격인 나라라 할 수 있는데 내전과 분쟁의 원인은 유럽 열강의 식민 침략에서 비롯되었습니다.

슈바이처

슈바이처는 학창 시절의 결심을 실현하기 위해 의학을 공부하여 1913년 의학 박사가 되었고 같은 해 파리 복음 전도회의 파견 의사로서 적도 아프리카 프랑스령 콩고(지금의 가봉) 랑바레네로 가서 의료 사업을 시작했습니다. 제1차 세계 대전이 일어나 포로로 억류되어 사업은 좌절되고, 유럽으로 송환되었습니다. 전후에는 문필 활동, 강연, 파이프 오르간 연주로 자금을 마련하여 1926년 다시 랑바레네로 가서 병원을 열었습니다. 제2차 세계 대전 중에도 계속 랑바레네에 머물면서 약품·물자의 결핍을 무릅쓰고 의료

에 전념하였고 1952년 노벨 평화상을 받았습니다.

함께 익혀 둡시다 아프리카 쟁탈

부유한 나라들은 옛 식민지를 계속해서 착취하고 있으면서도 여전히 새 식민지를 얻을 기회를 노리고 있었습니다. 그래서 아프리카 대륙 탐험을 마치고 나서 유럽 국가들은 아프리카 대륙의 여러 지역들에 대해 권리를 주장하기 시작했습니다. 이것을 '아프리카 쟁탈'이라고 합니다. 1880년 당시에 유럽 국가들은 아프리카의 일부 지역만 다스렸으나 20년 후, 유럽은 에티오피아와 라이베리아만 빼고 아프리카 전 대륙에 대해 권리를 주장하기 시작하였습니다. 그 결과 1884년 유럽 국가들끼리 베를린에서 회의를 열어 아프리카를 나누는 방법을 결정하기로 했는데, 힘없는 아프리카 대표는 자신들의 미래가 결정될 이 회의에 한 명도 참석할 수 없었습니다.

 **아프리카 토인들**은 처음에 슈바이처를 어떤 사람으로 취급했나요?

신기한 마법사로 여겼다가 나중에 의사인 것을 알게 되었습니다.

> **Quiz 80** 알퐁스 도데의 소설 「마지막 수업」은 프랑스와 프로이센 전쟁에서의 패배로 이 지방을 프랑스가 빼앗기게 된 직후 어느 학교의 마지막 수업에 관한 이야기입니다. 슈바이처의 고향이기도 한 이 지방의 이름은 무엇입니까?

비극의 역사

여덟째 마당

현대 세계의 주춧돌을 놓다

4·19 혁명_이승만

1945년 광복이 되자 미국에 있던 이승만은 우리 나라로 돌아와 1948년 대한 민국 초대 대통령에 당선되었습니다. 1952년 이승만은 계엄령을 선포한 뒤 헌법을 고쳐 대통령에 다시 당선되었고 1960년 4선 대통령에 당선되었습니다. 그러나 이때 부정 선거를 저질러 4·19 혁명이 일어나자 대통령에서 물러나 하와이로 망명했습니다.

4·19 혁명

이승만은 대통령이 된 후 온갖 방법을 동원해서 대통령 자리를 지키려고만 했습니다. 헌법을 뜯어 고쳤을 뿐 아니라 선거 때마다 부정을 저질렀습니다. 이런 부정 선거에 맞서 가장 먼저 일어난 것은 대구의 고등 학생들이었고, 3월 15일 마산에서도 큰 시위가 일어났는데 4월 11일 마산 앞 바다에 한쪽 눈에 최루탄이 박힌 열 여섯 살의 소년 김주열이 떠올랐습니다. 그리하여 10만 명이나 되는 학생들이 국회 의사당 앞에서 시위를 하였고 4월 19일 하룻동안 115명의 학생과 시민이 총에 맞았지만 시위는 계속되었습니다. 결국 13년에 걸친 이승만의 독재가 막을 내렸습니다.

> **함께 익혀 둡시다**
>
> ### 사사오입 개헌
>
> 이승만 대통령 시대에는 '사사 오입 개헌'이라는 것이 있었습니다. 당시에는 헌법을 고치려면 국회 의원들에게 의견을 물어 봐서 찬성하는 사람이 3분의 2를 넘어야 했습니다. 국회에서 표결 결과 재적 의원 203명 중 찬성 135표, 반대 60표, 기권 7표로 개헌 정족수인 136표에서 1표가 미달, 부결이 선언되었습니다. 그러나 자유당 정권은 "재적 의원의 2/3는 135.333인데 소수점 이하의 숫자는 1명의 인간이 될 수 없으므로 사사 오입하면 135명이 된다."는 억지 주장으로 이틀 뒤인 29일 부결 선언을 번복, 개헌안 가결을 선포했습니다. 이 헌법 개정은 절차상 정족수에 미달한 위헌적인 개헌이었으므로 이 같은 불명예스러운 이름으로 역사에 남게 되었습니다. 이때 바뀐 헌법의 내용은 우리 나라의 첫 대통령은 몇 번이고 다시 대통령이 될 수 있다는 것이었습니다.

4·19 혁명으로 이승만 대통령이 하야하고 누가 대통령이 되었나요?

내각 책임제로 바뀌었고 윤보선 대통령이 취임했습니다.

> **Quiz 81** 1960년 제4대 대통령 선거에서 여당의 대통령 후보는 이승만, 부통령 후보는 이기붕이었습니다. 그렇다면 야당의 대통령과 부통령 후보는 누구누구였습니까?

현대 세계의 주춧돌을 놓다

유신 시대_유신 헌법

4·19 혁명이 있은 후 우리 사회는 한동안 한편으로는 자유스럽고 또 한편으로는 무척 혼란스러웠습니다. 자유당 정권의 독재 밑에서 억눌려 왔던 국민들의 다양한 요구가 터져 나오면서 크고 작은 시위가 끊이지 않았고, 새로 만들어진 민주당 정부는 국민을 이끌어 가지 못했습니다. 한편 학생들 사이에서 통일 운동의 기운이 일어나 학생 대표들은 1961년 남북 통일을 위해 판문점에서 '남북 학생 회담'을 하자고 했습니다. 군인들은 우리 사회가 자유스럽기 보다는 혼란스러운 상태라고 생각했습니다. 특히 학생들이 북한과 협상을 하겠다고 나서는 것이 무척 못마땅했습니다. 이런 혼란을 제대로 다스리지 못하는 정부가 능력이 없는 정부로 보였고 결국 군인들은 총을 든 채 정치를 하겠다고 나섰습니다.

5·16 군사 정변

1961년 5월 16일 박정희 육군 소장을 중심으로 청년 장교들이 4·19 혁명 이후의 정치적, 사회적 혼란을 바로잡는다는 명분으로 일으킨 군사 정변(쿠데타)입니다. 쿠데타로 집권한 박정희 의장은 애초에 조만간 원대 복귀

하겠다던 혁명 공약을 번복하고 1963년 제3공화국을 출범시켰습니다.

 **유신 헌법**

1972년 10월 17일 선포되어 11월 21일 국민 투표로 확정된 헌법으로 남북 평화 통일을 위해 국민의 기본권을 제한하며, 대통령의 임기를 6년으로 연장하고 대통령의 권한을 강화하는 내용으로 되어 있습니다. 유신 헌법에 대한 반대 운동이 일어난 원인은 대통령을 통일 주체 국민 회의 대의원이라는 사람들이 장충 체육관에서 투표로 뽑게 되는데, 말이 투표지 사실은 100% 찬성을 할 수밖에 없게 되어 있었습니다. 또한 대통령이 국회 의원의 일부를 임명할 수 있고, 국회를 해산시킬 수도 있으니, 민주주의의 가장 기본인 삼권 분립이 불가능했습니다.

제3공화국이란 무엇인가요?

1962년 12월 17일 국민 투표로 확정된 개정 헌법에 의하여 1963년 10월 대통령 선거를 거쳐 12월 17일 대통령 박정희가 취임함으로써 출범한 한국의 3번째 공화 헌정 체제입니다.

> **Quiz 82**
> 1945년 8월 15일, 우리 나라가 일본으로부터 해방된 후 일본과 국교를 맺지 않고 있다가 3공화국이 일본과 국교를 맺으려고 하자 국민들은 분노했는데 결국 언제 '한·일 협정'을 맺었습니까?

현대 세계의 주춧돌을 놓다

새마을 운동_박정희

박정희 대통령은 우리 나라를 가난에서 벗어나게 하려고 경제 개발 5개년 계획을 세워 나라 발전에 온 정성을 쏟았습니다. 그 일 가운데 하나가 서울과 부산을 잇는 경부 고속 도로의 건설입니다. 경부 고속 도로가 생기기 전에는 부산에서 서울에 가려면 차를 타고 하루 종일 달려야 했는데 그것을 5시간 안에 가능하게 했습니다. 경부 고속 도로 덕분에 전국이 일일 생활권에 들게 된 것입니다. 박정희 대통령이 경부 고속 도로를 건설할 것을 제의했을 때 국회에서는 정면으로 그 의견에 반대를 하고 나섰습니다. "험준한 산줄기를 뚫고 고속 도로를 내겠다니, 그건 불가능한 일입니다." 그러나 박정희 대통령은 고집을 꺾지 않았습니다. 경부 고속 도로는 계획대로 완공되어 우리 나라의 경제 발전에 많은 도움을 주었습니다.

새마을 운동

근면, 자조, 협동 정신을 바탕으로 전국적으로 실시한 사회 개발 운동입니다. 1971년 박정희 대통령이 실시한 이 운동은 낙후된 농촌을 근대화하는 것을 목표로 시작했습니다. 주로 하천을 정비하고, 다리를 건설하고, 농경지를 확장하고 초가집을 없애고 현대식 주택을 건설하는 데 중점을 두어 많은 성과를 거두었습니다.

함께 익혀 둡시다 — 박정희

박정희는 1917년 경북 선산군에서 가난한 농부의 아들로 태어나 1937년 대구 사범 학교를 졸업하고 3년간 문경 소학교에서 아이들을 가르쳤습니다. 그러다 1940년에 만주로 건너가 만주 군관 학교를 거쳐 1944년 일본 육군 사관 학교를 졸업했습니다. 1961년 육군 소장으로 있던 박정희는 5·16 군사 정변을 일으켜 정권을 잡아 1963년에 5대 대통령에 당선되었고, 이를 시작으로 1967년에 제6대, 1971년에 제7대 대통령에 취임했으며 1972년 10월 유신 헌법 제정 후 제8대 대통령으로 선출된 뒤 1인 독재 체제를 쌓았습니다.

 박정희 대통령이 새마을 운동 외에 잘한 일은 어떤 것들이 있나요?

사치와 향락을 근절시켰고 국민 의식을 개혁하기 위해 가족 계획과 문맹 퇴치 운동을 실시하였습니다. 또 경제 개발 5개년 계획을 성공적으로 이끌어 1977년에는 수출 100억 달러를 달성하여 우리 나라가 후진국에서 개발 도상국으로 성장했습니다.

> Quiz 83 1968년 2월에 시작하여 1970년 7월에 개통된 경부 고속 도로의 총 거리는?

현대 세계의 주춧돌을 놓다

아름다운 청년_전태일

쿠데타로 정권을 잡은 박정희는 정부가 주도하는 경제 개발을 시작했습니다. 1962년부터 실시된 경제 개발 계획으로 우리 나라는 매년 국민 소득과 수출이 크게 늘어났습니다. 공업화가 빠르게 진행되면서 농촌에 살고 있던 사람들은 도시로 모여들었습니다. 우리 국민은 이제 전쟁 직후의 굶주림은 면할 수 있게 되었고, 생활 수준도 전반적으로 높아졌으며 국토 개발을 통해 식량 생산이 늘어났습니다. 그러나 이러한 경제 성장은 노동자들의 많은 희생으로 가능한 것이었습니다. 노동자들은 형편 없는 환경에서 낮은 임금을 받으며 밤낮없이 일해야 했습니다.

아름다운 청년 전태일

1970년 11월 13일, 서울시 동대문 평화 시장 앞에서 피복 공장 재단사이자 노동 운동가인 전태일이 근로 기준법 준수와 노동 환경 개선을 위해 평화 시장 앞에서 온 몸에 휘발유를 붓고 분신 자살을 했습니다. "근로 기준법을 지켜라, 우리는 기계

가 아니다. 내 죽음을 헛되이 하지 말라." 라고 외치면서 죽었습니다.

함께 익혀 둡시다 10·26 박정희 대통령 시해 사건

5·16으로 정권을 잡은 박정희 대통령의 독재는 18년 동안이나 계속되었고, 그 동안 국민들은 숨조차 크게 쉬지 못하며 억눌려 지냈습니다. 특히 1972년부터는 '유신 헌법' 이라는 것을 만들어 독재를 더욱 강화했고 정부를 조금이라도 비판하는 국민들은 모두 잡아 가두었습니다. 그러던 1979년 10월 26일, 중앙정보부장 김재규가 박정희 대통령을 향해 총을 쏘았습니다. 박정희는 결국 자신의 밑에서 일했던 김재규의 총에 맞아 목숨을 잃었고 7년 동안 계속되었던 유신도 끝났습니다. 이 일을 10·26 사건이라고 부릅니다.

노동자에게는 노동자의 권리가 법으로 정해져 있나요?

네, 노동자가 갖는 권리에는 너무 오랜 시간 동안 일을 하지 않을 권리, 자기가 일한 만큼 돈을 받을 수 있는 권리, 적당한 조건 아래서 일할 수 있는 권리, 사장이 돈을 너무 적게 주거나 일할 조건을 제대로 갖추어 주지 않으면 힘을 합쳐 싸울 권리가 있습니다.

Quiz 84 노동자들끼리 힘을 합쳐 회사에 자기들의 권리를 주장하기 위해서 만드는 조직을 무엇이라고 합니까?

현대 세계의 주춧돌을 놓다

퀴즈 83 정답 : 428km

광주 민주화 운동_제5공화국

10·26 사태가 일어나 한때 혼란 상태가 나타났지만 우리 나라에는 계엄령이 내려졌고 국무 총리로 있던 최규하가 임시로 대통령의 일을 맡았습니다. 하지만 이번에도 군인들이 가만있지 않았습니다. 12월 12일, 전두환을 중심으로 한 몇몇 군인들이 다시 정치에 끼어들었습니다. 이들은 총을 들고 서울로 들어와 정권을 잡았는데 새로 세워진 정부는 군인들에게 눌려 자기 뜻대로 일을 할 수 없게 되었습니다.

제5공화국

정부는 국가 보위 비상 대책 위원회를 구성한 뒤 각 부문에 걸쳐 개혁을 추진하였고 입법 활동을 위하여 입법 회의를 구성하여 새로운 정부 수립의 기초를 닦았습니다. 그 뒤, 국민 투표로 확정된 새 헌법에 따라 당선된 전두환 대통령이 취임하여 제5공화국이 출범하였습니다. 그런데 전두환의 5공화국은 국민들에게 지지를 받지 못했습니다. 광주의 많은 시민들을 죽이고 정권을 잡은 5공화국은 정부에 반대하는 국민들을 억누르며 독재를 했고 민주주의를 요구하는 사람들은 온갖 죄를 뒤집어 씌워 잡아 가두었고 잔인한 고문까지도 서슴지 않았습니다. 또 국민을 억압하는 법을 만들어 내고 언론 기관의 입도 막아 버렸습니다.

함께 익혀 둡시다 — 광주 민주화 운동

1980년 5월 18일, 전라남도 광주에서 민주화를 요구하는 시위가 일어났습니다. 그런데 군인들이 나타나 시위에 참여한 시민들을 무참히 진압했습니다. 임신 8개월 된 한 주부는 길에서 남편을 기다리다가 군인들이 쏜 총에 머리를 맞아 그 자리에서 죽었고, 길에서 친구들과 놀던 어린이들까지도 무차별 사격에 목숨을 잃었습니다. 분노한 광주 시민들이 일제히 들고 일어났습니다. 중·고등 학생부터 노인에 이르기까지 모두들 광주를 지키고 민주주의를 지키자고 외쳤습니다. 광주 시민들은 자발적으로 시민군이 되어 싸움에 나섰습니다. 싸움은 5월 18일부터 27일까지 계속되었는데 광주가 아닌 다른 곳에 사는 사람들은 그 9일 동안 광주에서 무슨 일이 벌어졌는지 전혀 알지 못했습니다. 신문과 텔레비전에서 날마다 '광주 사태'라고 하면서 보도하긴 했지만 그건 사실과 딴판이었습니다. 27일 계엄군의 총공세로 많은 희생자를 낸 광주 민주화 운동은 막을 내렸습니다. 광주에서 무슨 일이 벌어졌는지 정확한 진실을 밝히는 데는 무려 9년이란 세월이 걸렸습니다. 1989년, 국회 청문회에서 비로소 사건의 진실이 공식적으로 인정받게 되었습니다. 5월 광주 민주화 운동의 의의는 시민이 주체가 되는 반독재 민주화 운동이라는 점에서 찾을 수 있습니다.

Quiz 85 전두환 등의 신군부가 최규하 과도 정부를 유명 무실하게 하고 정승화 계엄 사령관을 대통령 시해 사건의 용의자로 체포하면서 군부의 권력을 장악한 사건은 무엇입니까?

현대 세계의 주춧돌을 놓다

퀴즈 84 정답 : 노동조합

99%의 노력_에디슨

　에디슨은 1847년 미국 오하이오 주에서 태어나 7세 때 초등학교에 입학했지만, 3개월 만에 그만두고 주로 어머니에게서 교육을 받으며 자랐는데 이 무렵 에디슨은 기발한 실험을 많이 한 것으로 유명합니다. 12세 때부터 철도의 신문팔이 등으로 일하다 15세 때 전신술을 배웠습니다. 탄소 전화기와 축음기, 백열 전등을 발명하여 발명가로 이름을 날렸고 그 뒤로도 영화 촬영기, 영사기, 에디슨 축전기 등 헤아릴 수 없이 많은 발명품을 만들었는데 그가 활약했던 시기가 미합중국의 눈부신 비약의 시기였다는 것은 그의 발명적 천재를 발휘시키는 데에 커다란 구실을 했습니다.

창조에 대한 **신화**

　'천재란 1%의 영감과 99%의 땀이다.' 라는 그의 일생 동안의 신조는 지금까지도 잘 알려져 있습니다. 대학 강의를 경멸했고 보통 교육에 관해서도 '현재의 시스템은 두뇌를 하나의 틀에 끼워 넣는다. 독창적인 사고가 길러질 수 없다. 중요한 것은 물건이 만들어지는 과정을 보는 것이다' 라고 비판하였습니다. 만년에는 '나는 발명을 계속할 돈을 손에 넣기 위해 항상 발명하는 것이다.'라고 술회하여 끊임없이 창조 활동을 계속하였던 끈질긴 발명가의 심경을 엿보게 합니다.

함께 익혀 둡시다 — 산업 기술

19세기의 산업화는 새로운 기술의 발명과 손을 맞잡고 진행되었습니다. 전화, 사진기, 타자기, 전기 조명은 많은 사람들의 일상 생활을 바꾸어 놓았습니다. 철과 강철의 생산량이 늘고, 새로운 형식의 기술이 쏟아져 나왔습니다. 그 결과 완전히 새로운 형태의 건물이 나타났는데, 바로 파리의 에펠 탑이나 뉴욕의 초고층 건물(마천루)들이었습니다. 새로운 설계와 기술은 운송 수단도 발달시켜 이때 이루어진 가장 큰 철도 건설은 '시베리아 횡단 철도'였습니다. 또한 자전거는 보통 사람들을 더 자유롭게 해 준 발명품 중 하나였고, 1903년에는 미국의 라이트 형제가 최초로 동력 비행에 성공했습니다. 이것이 새로운 운송 수단인 비행기의 탄생입니다.

에디슨은 특허를 몇 개 내었나요?

1868년 전기 투표 기록기로 최초의 특허를 얻은 이후 1300건의 특허를 받아 최후의 발명왕이라고 불립니다.

> **Quiz 86**
> 전등을 만들려면 유리로 만든 둥그런 전구 안에 빛을 낼 재료를 넣어야 합니다. 가느다란 실 모양의 재료를 뭐라고 합니까?

199

현대 세계의 주춧돌을 놓다

올림픽 부활_ 쿠베르탱

올림픽은 국제 올림픽 위원회(IOC)가 4년마다 개최하는 국제 스포츠 경기 대회로 고대 그리스 제전 경기의 하나인 올림피아제에서 비롯되었습니다. 이 스포츠 제전을 근대에 부활시키기 위하여 프랑스의 귀족 쿠베르탱 남작이 제창, 1896년 그리스의 아테네에서 제1회 대회를 개최하였습니다. 근대 스포츠는 19세기 중엽부터 영국에서 조직되어 시설 개발에 힘쓴 미국의 육성으로 발전·보급되어 왔는데, 이러한 각종 스포츠를 종합적으로 겨루는 것이 올림픽입니다. IOC는 모든 나라에 올림픽 참가를 권유하고, 또 종교·인종·정치에 의한 차별 대우를 엄금하였습니다. 이에 대해 일부 국가의 항의도 있었지만, 이것을 극복함으로써 올림픽을 확고한 것으로 만들었습니다.

쿠베르탱

쿠베르탱은 젊은 시절 영국에서 스포츠가 중요한 사회 활동으로 자리잡은 것에 깊은 인상을 받았고, 프로이센-프랑스 전쟁(1870년~1871년)에서 패배한 조국을 재건하기 위하여 교육 개혁을 주장하던 중, 육체와 정신의 조화를 지향한 고대 그리스의 체육에 매혹되어 1894년 IOC를 창설하고, 전 세계 청년의 평화의 전당으로서 올림픽을 4년마다 정기적으로 여는 데 성공하였습니다.

함께 익혀 둡시다 고대 올림픽

유명한 올림피아 경기는 남그리스에 있는 제우스 신전에서 4년마다 행하던 제전 때 열린 행사로서, 그리스 각지로부터 사람들이 모여들었습니다. 경기는 걷기경주, 투창, 투원반, 멀리뛰기, 레슬링 등이 주된 종목으로 뒤에 경마와 전차 경주가 추가되었습니다. 제1회 올림피아 경기는 기원전 776년에 행하여졌습니다. 그리스가 쇠퇴한 후에는 로마 인도 참가해서 계속되었지만, 로마 시대 말기에 그리스도 교가 나라의 종교로 됨과 동시에 중지되었습니다.

고대 올림픽과 근대 **올림픽의 의의**는 무엇인가요?

그리스 인들은 올림피아제를 통해서 육체와 정신의 단련은 물론, 온 국민의 단합과 통일이라는 목적을 달성했다는 데에 큰 의의가 있고 근대 올림픽에서도 여러 민족과 국가가 서로 이해하고 화목하게 지낼 수 있는 본보기를 보여주었다고 할 수 있습니다.

> **Quiz 87** 근대 올림픽의 이상은 스포츠에 의한 인간의 완성과 경기를 통한 국제 평화의 증진에 있는데, 올림픽의 표어는 무엇입니까?

현대 세계의 주춧돌을 놓다

라듐 발견_마리 퀴리

17세기 과학 혁명 이후로 사람들은 물질을 이루는 것이 수많은 종류의 '원자'라는 것을 알아냈습니다. 과학자들은 이 원자로 이루어진 원소들을 꾸준히 발견하고 각 원소의 성질을 밝혀 나갔습니다. 그러던 중 과학자들은 어떤 원소들은 스스로 특이한 빛을 내는 성질이 있다는 것을 알아냈는데 이런 성질을 '방사능'이라고 합니다. 라듐은 1898년 프랑스의 퀴리 부부가 폴로늄과 함께 우라늄광석에서 발견하였는데 방사성 원소로는 최초의 것이었습니다. 라듐이라는 명칭은 방사선을 의미하는 라틴어 라디우스(radius)에서 유래하였습니다. 우라늄보다 훨씬 강한 방사능을 가진 라듐의 발견은 방사능에 관한 본격적인 연구의 단서가 되었습니다.

퀴리 부인

마리와 피에르가 실험실 문을 열자, 어두운 실험실 안에 놓아 둔 작은 유리 접시에는 파르스름한 빛이 점점이 빛나고 있었습니다. "앗, 라듐이야! 우린 성공했어!" 이들이 바로 라듐 원소를 발견한 퀴리 부부로 함께 노벨 물리학상을 받았습니다. 그 후 남편 피에르가 교통 사고로 죽자, 퀴리 부인

은 혼자서 방사성 물질의 연구를 계속하여 라듐의 분석법을 연구해 냈습니다. 그 공로로 1911년에 다시 노벨 화학상을 받았습니다.

함께 익혀 둡시다 방사능

방사능은 몸의 세포를 파괴합니다. 인간의 몸은 수없이 많은 세포로 되어 있는데 사람이 강한 방사능을 장시간 쪼이면 이 세포가 제 구실을 못하게 되어 죽게 됩니다. 방사능 유출로 유명한 사건이 바로 '체르노빌 원자로 폭발 사고'입니다. 1986년 러시아의 체르노빌 원자력 발전소에서 가동 중지 터빈을 시험하던 근무자가 안전 수칙을 지키지 않아 원자로가 폭발하고 10일간 방사능 물질이 유출되었습니다. 유출된 방사능 물질은 암과 백혈병, 사산 및 기형아 발생을 유발하는 물질로서 사고 지점으로부터 수천 킬로미터 떨어진 핀란드 남부, 노르웨이, 스웨덴에서도 검출되었습니다.

방사능은 누가 붙인 이름인가요?

1896년 피에르와 함께 우라늄의 방사능을 연구하기 시작할 때 마리 퀴리가 붙인 이름입니다.

> **Quiz 88**
> 퀴리 부인도 1934년 방사능을 많이 쬐어 생긴 이 병으로 세상을 떠났답니다. 무슨 병입니까?

퀴즈 87 정답 : 보다 빠르게, 보다 높게, 보다 강하게 (Citius, Altius, Fortius)

현대 세계의 주춧돌을 놓다

남극 탐험_아문센

  인간은 미지의 세계에 끊임없이 도전해왔습니다. 19세기 말에는 세계 지도의 빈 곳은 북극과 남극뿐이었습니다. 북극점 둘레는 남극처럼 큰 땅덩어리가 아니라 바다입니다. 겨울에 북극해를 두텁게 덮었던 바다 얼음(海氷)이 여름에 녹아서 떠돌이 빙산이 됩니다. 곳곳에 도사린 위험 속에서도 1909년 피어리가 개 썰매로 제 1극지 북극점에 다다랐으며 제2극지 남극점은 1911년 아문센이 도달하여 마침내 인간은 완전한 지도를 가질 수 있게 되었습니다.

남극 탐험

  남극 지방은 극점인 남위 90도를 중심으로 남극 대륙과 남위 60도까지의 섬 및 남극해를 포함합니다. 대륙과 섬을 더한 면적은 약 1천4백만km^2(육지의 9.2%)로 중국과 인도·몽골을 합친 넓이이고 다른 대륙들처럼 활화산과 지진·온천·지하 자원 등이 있습니다. 남극의 얼음은 지구 전체 빙하 면적의 86%를 차지하는데 남극의 얼음이 모두 녹으면 바다 표면이 60m쯤 높아질 것으로 추산됩니다. 남극점을 가장 먼저 밟은 사람은 1911년 12월

14일 노르웨이의 극지 탐험가 아문센입니다.

함께 익혀 둡시다 — 달 착륙

인간이 달에 착륙한 것은 쥴스 베른이 『지구에서 달까지』라는 공상 과학 소설을 쓴지 단지 1세기 후인, 1969년 7월 20일에 일어났습니다. 1957년 10월 4일에 세계 최초의 인공 위성인 소련의 스푸트니크 1호가 궤도 비행을 완수함으로써 시작된 우주 시대는 미국이 곧 경쟁적으로 익스플로러 1호를 띄움으로써 본격적으로 가열되었습니다. 케네디 대통령의 열렬한 개발 참여와 소련의 열성적인 프로그램에 힘입어 우주로 향한 항공, 우주 과학과 기술이 1960년대에 들어서면서 비약적인 발전을 보았고 드디어 1969년 닐 암스트롱이 탄 아폴로 11호가 무사히 달에 착륙함으로써 우주 시대는 정점에 다다랐습니다.

남극과 북극의 다른 점은?

남극은 거대한 대륙으로 남극해라는 바다로 둘러싸여 있고, 북극은 유라시아 대륙과 북아메리카 대륙으로 둘러싸인 넓은 바다입니다. 그리고 북극에는 흔히 에스키모라고 부르는 원주민이 있는 반면 남극에는 원주민이 없습니다.

> **Quiz 89** 세계 속에 빛나는 한국인입니다. 1987년에 에베레스트 산 등정, 1991년에 북극점 원정, 1993년에 남극점을 원정한 사람은 누구입니까?

현대 세계의 주춧돌을 놓다

무의식 탐험_프로이트

　1873년에 빈 대학 의학부에 들어간 프로이트는 이곳에서 그보다 14년 연상인 브로이어를 만나 함께 히스테리에 대해 연구하였습니다. 프로이트는 계속 연구를 거듭하면서 최면술을 이용하는 치유법 대신에 자유 연상법을 사용하여 히스테리를 치료하고, 이 치료법에 '정신 분석'이라는 이름을 붙였습니다. 무의식을 강조한 프로이트의 연구는 엄청난 비난을 받았지만 점차 그의 학설을 인정하는 학자들이 늘어 마침내 정신 분석학이 성립되기에 이르렀습니다. 프로이트의 저서로는 『꿈의 해석』, 『토템과 터부』, 『정신 분석 입문』 등이 있습니다.

정신 분석학

　1900년대로 넘어올 무렵 인류에게는 또 한 가지 충격적인 이론이 전해졌습니다. 사람을 움직이는 것은 마음 속 깊은 곳에 감추어진 어두운 무의식이라는 것이었습니다. 그리고 그 무의식의 중심에는 본능과 욕망이 있다고 했습니다. 이 이론이 바로 프로이트의 '정신 분석학'입니다. 인간은 지성을 가진 현명한 존재라고 생각했던 사람들에게 이러한 이론은 도무지 믿기지 않는 것이었습니다.

함께 익혀 둡시다 **히포크라테스 선서**

히포크라테스는 '의학의 아버지'라 불리는 그리스의 의학자로서, 에게 해에 있는 코스 섬에서 태어났습니다. 그는 의사인 아버지 밑에서 의학의 기초를 배우는 한편, 여러 나라를 여행하면서 많은 철학자, 의학자들과 사귀어 지식과 견문을 넓혔습니다. 그가 오늘날 의학의 아버지로 여겨지고 있는 것은, 세계에서 처음으로 근대적인 사고를 가진 의사였을 뿐만 아니라 인류 역사상 최초로 합리적인 의학교를 창설했기 때문입니다. '히포크라테스 선서'라고 불리는, 즉 의사가 지켜야 할 도리는 오늘날에 있어서도 변함없는 중요성을 지니고 있습니다.

프로이트에 의하면 의식 세계는 성격의 형성과 관련이 깊고 이러한 성격의 기능적 구조를 원초아(id), 자아(ego), 초자아(super ego) 세 가지로 나누었는데 이것은 무엇인가요?

원초아는 선천적인 본능적 충동으로 완전 무의식적이고, 자아는 인간 의식의 일부이며 초자아는 양심과 이상이라고 보면 됩니다.

Quiz 90 사람이 위대한 신의 창조물이 아니라 원숭이와도 같은 동물에서 진화했다는 이론은 무엇입니까?

207

현대 세계의 주춧돌을 놓다

아홉째 마당

21세기를 준비하다

6월 민주 항쟁_6·29 선언

 민주주의를 위한 횃불은 1987년 6월에 다시 한 번 타올랐습니다. 전두환 대통령에 이어 역시 군인 출신인 노태우가 대통령 후보로 나섰기 때문입니다. 그런데 당시 대통령 선거는 국민들이 직접 투표해서 뽑는 직접 선거가 아니라 간접 선거로 대통령 선거인단이라는 것을 구성해 선거인단에서 대통령을 뽑는 것이었습니다. 이런 식의 간접 선거는 박정희의 유신 헌법 때부터 시작되었고 박정희, 전두환에 이어 노태우까지 간접 선거로 대통령에 당선된다면 우리 국민은 군대의 힘으로 정권을 잡은 군인들에게 30년간이나 통치를 받는 셈이었습니다.

6·29 선언

 1987년 6월 10일경부터 시민, 학생, 노동자들은 길거리로 뛰쳐나와 '독재 타도!'를 외쳤습니다. 넥타이를 맨 말쑥한 회사원, 장바구니를 든 아주머니까지 외쳤습니다. 서울의 종로 거리는 매일 민주주의를 원하는 외침으로 뒤덮이곤 했습니다. 이것을 '6월 민주 항쟁'이라고 합니다. 마침내 6월 29일 대통령 후보 노태우는 어쩔 수 없이 헌법을 고쳐 대통령 선거를 직선제로 바꾸겠다는 선언을 했습니다. 이것을 '6·29 선언'이라고 합니다. 이렇게 민주주의는 조금씩 자라나 오늘에 이르게 되었습니다.

> **함께 익혀 둡시다**
>
> ## 서울 올림픽의 의의
>
> 서울 올림픽을 평가할 때, 첫째 스포츠 행사로서 완벽에 가까운 성공을 거두었고, 둘째 동서의 이념 분쟁 및 인종 차별로 인한 갈등과 불화를 해소시키면서 세계 평화의 새로운 계기를 마련하였고, 셋째 한국의 국제적 지위를 크게 격상시켰다고 할 수 있습니다. 서울 올림픽에서는 33개의 세계 신기록과 5개의 세계 타이 기록, 227개의 올림픽 신기록과 42개의 올림픽 타이 기록이 수립되었는데 이는 1984년 로스앤젤레스 올림픽과 1980년 모스크바 올림픽의 기록을 훨씬 상회하는 풍작이었습니다. 두 차례의 반조각 올림픽이 모처럼 하나의 올림픽으로 치러졌기 때문에 풍성한 기록이 수립될 수 있었던 것은 사실이지만, 완벽한 경기장 시설과 빈틈없는 경기 진행이 중요한 구실을 하였다는 국내외의 평가를 받았습니다. 이 서울 올림픽에 출전한 160개 국 중 한국과 수교 없이 북한과 단독 수교를 맺고 있던 국가가 25개 국이나 되었는데 대부분이 공산 국가인 이들 미수교국이 대거 서울 올림픽에 출전해서 한국민과의 우의를 두텁게 하고 상호 교환의 기회를 가짐으로써 한국의 국제적 지위 향상은 물론, 세계 평화의 새로운 전기가 마련되었던 것입니다. 서울 올림픽이 성공적으로 끝난 직후인 10월 18일 노태우 대통령이 대한 민국 정부 수립 이후 국가 원수로서는 최초의 국제 연합 총회(UN 총회)에서 연설을 했다는 사실 하나만으로도 서울 올림픽이 가져다 준 정치적·외교적 성과의 크기를 짐작할 수 있습니다.

> **Quiz 91**
> 우리 나라 제13대 대통령인 노태우 대통령이 그동안의 대통령 간접 선거에서 헌법을 고쳐 직선제로 바꾸겠다고 한 선언을 무엇이라고 합니까?

21세기를 준비하다

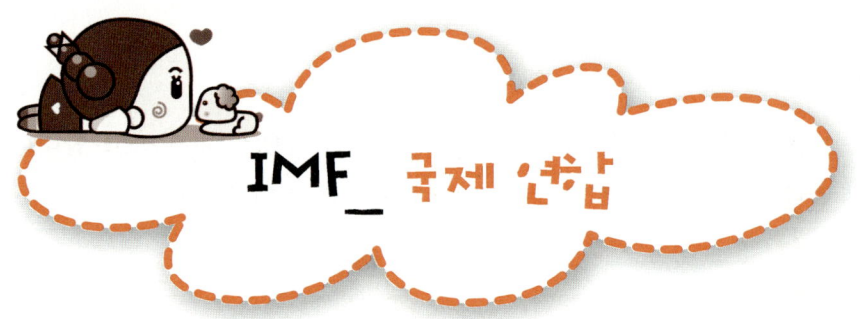

IMF는 International Monetary Fund(국제 통화 기금)의 약자입니다. 국제 통화 기금은 1944년 7월 브레튼 우즈 협정에 의거 설립되었고 국제 통화·금융 문제 조정에 관한 국제 협력 기구로서 국제간의 환시세 안정에 의한 국제금융 질서의 유지, 다각적 자유 무역을 위한 다각적 결제 기구의 확립과 환제한의 철폐, 가입국의 국제수지 균형 확보를 위한 자금 제공 등을 목적으로 하고 있습니다.

우리 나라의 IMF

군사 독재의 어두운 그림자를 씻어 내고 민주화와 경제 발전을 이루려던 김영삼 정부는 경제 정책에서 실패했습니다. IMF 경제 위기의 원인은 수출 감소, 기업의 부도, 국민들의 과소비로 빚이 늘어난 것과 경제 상황 악화로 인한 외화 부족에 있었습니다. 1997년 11월, 외화가 부족해지자 IMF로부터 외화를 빌리게 되었고, 1997년 말부터 'IMF 한파'라고 표현되는 혹독한 시대를 맞이했지만 금모으기 운동 등을 통해 1999년에 높은 수준으로 복귀했고 연말에는 IMF 시대의 위기를 벗어날 수 있었습니다.

함께 익혀 둡시다 **유니세프(Unicef)**

1946년 국제 연합 국제 아동 긴급 기금이라는 명칭으로, 제2차 세계 대전으로 인해 기아와 질병에 허덕이는 아동을 구제하기 위한 긴급 원조 계획으로서 발족하였습니다. 아프리카의 기아, 레바논 내전, 캄보디아 내전 등에도 개입하여 원조 활동을 하였고 교육 혁명을 호소하기도 하여 1965년 노벨 평화상을 수상했습니다. 한국은 1950년 3월에 정식으로 가입해 1993년까지 유니세프로부터 다양한 지원을 받았으나 지금의 한국은 지원 혜택국이 아닌 지원국이 되었습니다. 북한 원조 및 르완다와 소말리아 등에 긴급 자금을 지원했으며 유니세프 기금 마련을 위해 사랑의 동전 모으기 등 범사회적인 다양한 활동을 펼치고 있습니다.

국제 연합(UN)은 언제 창설되었나요?

제1차 세계 대전의 참화를 겪은 후, 미국 윌슨 대통령의 제창으로 전쟁을 방지하고 국제 평화와 경제, 사회, 문화의 국제적 협력을 증진시킨다는 목적으로 1920년 세계 최초의 국제 평화 기구인 국제 연맹이 설립됐습니다. 국제 평화와 안전, 협력에 기여한 바가 컸고 국제 연맹은 제2차 세계 대전 후인 1946년 국제 연합으로 대체됐습니다.

Quiz 92 세계 보건, 위생 분야의 국제적인 협력을 위해 설립된 국제 기구인 세계 보건 기구의 약자는 무엇입니까?

213

21세기를 준비하다

퀴즈 91 정답 : 6·29 선언

남북이 하나 되는 날까지_통일

IMF 와중에 다시 대통령 선거가 실시되어 국민 회의의 김대중 후보가 대통령으로 당선되었습니다. 1948년 대한 민국 정부가 세워진 이후 김영삼 대통령까지 우리 나라 대통령은 언제나 여당에서 나왔는데 김대중 대통령의 당선으로 드디어 여·야 간에 정권이 바뀐 것입니다. 김대중 대통령은 시급한 과제인 경제 위기를 극복하기 위해 여러 가지 개혁을 실시했습니다. 기업의 구조를 바꾸고, 금융 기관도 새롭게 정리하기 시작했으며 국민들도 경제 위기의 극복을 위해 뜻을 모았습니다.

통일의 물고를 트다

2000년 6월 우리 민족 모두를 기쁨에 들뜨게 한 일이 일어났습니다. 분단 이후 최초로 남·북한의 정상이 만나 회의를 가졌던 것입니다. 김대중 대통령은 북한을 방문해 김정일 국방 위원장을 만나 조국의 통일에 대해 이야기를 나누었습니다. 그 결과 6월 15일 남북 공동 선언 합의문이 발표되었습니다. 남·북이 손을 맞잡고 통일을 향해 큰 발걸음을 내딛은 것입니다. 그 결과 김대중 대통령은 2000년에 노벨 평화상을 받았습니다. 김대중 대통령이 받은 이 상은 우리 국민 모두에게 주어진 것이기도 합니다.

> **함께 익혀 둡시다** **남북 공동 선언 합의문**
>
> 합의문은 첫째, 통일 문제를 자주적으로 해결해 나가자. 둘째, 남측의 연합제 안과 북측의 낮은 단계의 연방제 안의 공통성을 인정하고 통일을 지향시켜 나가자. 셋째, 남한과 북한에 흩어져 살고 있는 이산 가족을 서로 만나게 하자. 넷째, 남과 북은 경제적으로 서로 돕고 다른 모든 분야에서도 교류와 협력을 통해 신뢰를 다져 나가자는 내용이었습니다.
>
> 새 천 년을 맞은 우리 민족 앞에는 아직도 많은 과제가 남아 있습니다. 긴긴 독재의 세월을 이겨 내고 수많은 사람들의 피와 눈물로 얻어 낸 민주주의를 지키고 완성시켜야 합니다. 그리고 분단된 조국을 통일시켜야 합니다.

왜 통일을 해야 하나요?

통일이 되면 우선 군사비가 줄고 남는 돈을 경제 발전이나 국민 생활과 복지를 위해 쓸 수 있습니다. 그리고 통일이 되면 전쟁의 공포와 위협이 사라지고, 헤어진 이산 가족들이 만나 함께 살 수 있습니다.

> **Quiz 93**
> 남한의 표준말은 서울 말이고, 북한의 표준말은 평양 말인데, 북한에서는 표준말을 무엇이라고 부를까요?

21세기를 준비하다

국민의 정부_월드컵

　2002년 6월 월드컵 축구 대회 때 많은 사람들이 열광을 했습니다. 그것은 단지 축구 때문은 아니었을 겁니다. 그것은 자유 또는 변화에 대한 목마름이 월드컵이라는 기회를 만나 맘껏 터져 나온 것일 겁니다. 자유 또는 변화에 대한 목마름은 오래 전부터 차곡차곡 쌓여온 것이었습니다. 군인 출신 정치가들이 30년에 걸쳐 독재를 하면서 국민의 자유와 창의성을 크게 억눌렀습니다. 그래서 군인 출신이 아닌 김영삼이 1992년 대통령으로 당선되었을 때, '30년 만의 문민 정부'라면서 국민들은 큰 기대를 걸었고 그 뒤를 이은 김대중 대통령은 '국민의 정부'로, 그리고 2002년 12월 17일 선거에서 당선된 노무현 대통령은 새 정부의 이름을 '참여 정부'라고 붙였습니다.

한일 월드컵

　국제 축구 연맹(FIFA)은 5월 31일 스위스 취리히 FIFA 본부에서 집행 위원회를 열고 2002년 제17회 월드컵을 한국과 일본에서 공동 개최하기로 결정하였습니다. 이는 1972년 월드컵 사상 첫 공동 개최로 한국은 88 올림픽

이후 다시 한 번 국가의 위상을 올릴 수 있는 계기를 마련하였고, 태극 전사들은 이 월드컵 무대에서 7번을 싸워 3승 2무 2패, 4위라는 성적을 남겼습니다.

함께 익혀 둡시다 **월드컵**

국제 축구 연맹(FIFA)이 주최하는 월드컵 축구 대회는 1930년부터 4년마다 올림픽 대회의 중간 해에 열리며, 프로·아마추어에 상관없이 각국 대표팀들이 모여 겨루게 되는데 지역 예선은 2년에 걸쳐 치러지고, 본선은 예선을 통과한 32개 국(개최국 포함)이 경기를 치릅니다. 경비·관객 동원 등은 올림픽을 능가하며, 제1회 대회는 1930년 우루과이에서 13개 국이 참가한 가운데 열려 주최국인 우루과이가 우승하였습니다. 1954년 스위스 월드컵부터는 우승컵을 월드컵 축구 대회 창시자인 줄리메(Jules Rimet)의 이름을 따서 줄리메 컵이라고 불리게 되었습니다.

1980년대에 눈부신 산업 발전을 일으켜 '아시아의 네 마리 용'이라 불리는 아시아의 네 나라는 어디인가요?

한국, 홍콩, 싱가포르, 타이완

> **Quiz 94** 미 국방부 통신망인 아파넷(ARPANET)이 발전해 탄생한 인터넷은 1991년, 유럽 입자 물리 연구소(CERN)가 쉽게 인터넷에 접속해 정보를 교환할 수 있는 이 소프트웨어를 공개해 인터넷 대중화의 계기를 만들었습니다. 이 소프트웨어는 무엇일까요?

21세기를 준비하다

중국의 사회주의 깃발_마오쩌둥

　장제스[蔣介石]의 공산군 토벌로 위기에 직면한 마오쩌둥은 혁명의 본거지를 서북 내륙 지역으로 옮기기 위해 1934년 10월부터 만 1년에 걸친 힘겨운 대장정에 나섰습니다. 10만 홍군(공산당 군대) 중 7천명만이 살아남은 대장정의 신화는 공산 혁명 승리의 전기를 마련했고 장정 도중 공산군은 농민들을 접촉, 공산당에 우호적인 집단으로 만드는 성과를 거두었습니다. 마오쩌둥은 중국 공산당의 확고한 지도자로 부상했으며 장제스의 국민당군을 대만으로 패퇴시키고, 1949년 10월 중화 인민 공화국을 수립했습니다.

중화 인민 공화국

　신해 혁명으로 청나라를 무너뜨리고 중화 민국을 세운 기쁨도 잠시, 중국은 곧 힘 있는 장군들이 날뛰는 무법 천지가 되었습니다. 쑨원은 '국민당'을 만들어 이런 군인들을 몰아 내려고 했지만 뜻을 이루지 못한 채 세상을 떠났고 그 뒤 장제스가 국민당을 이끌었습니다. 그런데 쑨원이 살아 있을 무렵 중국에서는 사회주의자들의 당인 '공산당'이 힘을 키워 갔습니다. 장제스는 공산당을 싫어하여 전쟁을 벌이기 시작하였습니다. 국민당 군대에 비하여 보잘것없는 공산당 군대는 전투에 져서 먼 곳으로 쫓겨갔지만 공산당은 악착같이 버티며 힘을 키워 중화 인민 공화국을 세웠습니다.

함께 익혀 둡시다 **신해 혁명**

신해 혁명은 청조(淸朝)의 몰락(1911년)을 가져왔습니다. 1911년 10월 10일 청조 귀족들의 부패와 무능에 반기를 든 혁명군이 우창(武昌)에서 봉기, 신해 혁명의 도화선에 불을 붙였습니다. 이 혁명으로 청나라가 멸망함으로써 2000년간 계속된 전제 정치가 끝나고 1912년 1월 쑨원(孫文)의 삼민주의를 이념으로 동아시아 최초의 공화 체제인 중화 민국이 탄생했습니다.

※ **쑨원의 삼민주의** : 민족, 민권, 민생

청나라 마지막 황제 부의는 몇 살에 왕이 되었나요?

1908년 불과 3세의 나이에 서태후에 의해 청 제국의 제12대 황제가 되어 선통제라 하였으나, 신해 혁명으로 1912년에 퇴위하였습니다.

Quiz 95 중국의 천하 일색 4대 미인이라 하면 누구누구입니까?

21세기를 준비하다

퀴즈 94 정답 : 월드 와이드 웹(WWW)

경제 공황_루스벨트

자본주의 경제 제도는 계획 없는 경제 활동의 결과, 질서가 흐트러져서 어느 순간 대혼란에 빠지게 되는 단점이 있습니다. 이런 경제 위기를 '공황'이라고 합니다. 특히 1929년에서 1939년 사이에 몰아닥친 공황은 온 세계를 엄청난 고통 속에 몰아넣어서 '대공황'이라고 부릅니다. 대공황을 겪은 뒤 각 나라는 자본주의 제도 아래서도 경제 활동에 어느 정도 정부의 계획과 감시가 필요하다는 것을 깨달았습니다.

뉴딜 정책

1933년 대공황의 위기 속에 취임한 루스벨트 대통령은 국내 경제 재건을 최우선 과제로 삼아 경제의 모든 부문에 걸쳐 적극적인 공황 극복 정책을 실시했습니다. 국가가 대규모 토목 사업과 댐 사업 등을 벌여 실업자들을 구제했는데 뉴딜 정책 중 테네시 강 유역 개발 공사 등 고용 증대를 위한 공공 사업이 가장 잘 알려져 있습니다. 뉴딜 정책으로 최악의 상황을 벗어난 미국 경제는 2차 세계 대전을 계기로 급속도로 회복돼 번영의 길로 나설 수 있었습니다.

함께 익혀 둡시다 **암살**

1. 1960년 11월 존 F. 케네디는 미국 역사상 최연소이자 최초의 가톨릭 교도로서 미(美)대통령에 당선됐습니다. 그는 뉴 프런티어 정책을 강력하게 추진했고 대외적으로는 강대국으로 세계 정치를 이끌어갔습니다. 특히 쿠바 위기 때 보여 준 위기 관리 능력은 전세계의 찬사를 받았습니다. 1963년 11월 22일 텍사스 주 달라스에서 자동차 행진중 암살되었습니다.

2. 비폭력 흑인 인권 투쟁을 이끌었던 마틴 루터 킹 목사는 1968년 4월 4일 테네시 주 멤피스에서 흑인 청소부의 파업을 지원하다 암살당했습니다. 당시 제임스 레이의 단독 범행으로 결론 났으나 멤피스 법원 배심원들은 최근 암살에 마피아와 미정부 요원 등이 개입됐다고 평결했습니다.

39세의 나이에 소아마비에 걸려 평생 불편한 다리로 지낸 루스벨트는 대통령에 몇 번 당선되었나요?

1932년부터 1944년까지 네 번 대통령에 당선되었습니다.

Quiz 96
1972년 6월 대통령 닉슨의 재선을 획책하는 비밀 공작반이 워싱턴의 워터 게이트 빌딩에 있는 민주당 전국 위원회 본부에 침입하여 도청 장치를 설치하려다 발각·체포된 미국의 정치적 사건은 무엇입니까?

아랍과 이스라엘_중동 지방

1948년 5월 14일의 이스라엘 건국은 아랍 인들을 분노하게 만들었습니다. 왜냐하면 이 새로운 유태인의 국가는 아랍과 유태인 양자가 모두 자기 것이라 주장하는 땅에 세워졌기 때문입니다. 1967년 아랍은 이스라엘의 철저한 파괴를 목적으로 중요한 보복을 감행하였는데, 이스라엘은 보복 공격뿐만 아니라 이스라엘 고유 영토의 두 배에 해당하는 지역을 획득함으로써 아랍에 대항하였습니다.

1, 2차 석유 파동

세계는 1970년대 두 차례의 석유 파동으로 심각한 경제 위기를 겪었습니다. 1차 석유 파동은 1973년 10월 4차 중동 전쟁 중 석유 수출국 기구(OPEC)가 생산 감축, 가격 인상과 이스라엘을 지원한 미국, 영국 등에 대한 석유 수출 금지를 단행하면서 발생했고 2차 파동은 1979년 이란 회교 혁명의 여파로 석유 수출이 중단된 데다 뒤이은 이란-이라크 전쟁 발발로 석유 공급 부족이 가중되면서 나타났습니다.

함께 익혀 둡시다 걸프 전쟁

1990년 조용하던 페르시아 만에 전쟁이 일어났습니다. 사담 후세인 이라크 대통령은 "쿠웨이트는 이라크의 영토였다. 영국이 빼앗아 갔었으니 이제 우리가 돌려받겠다."며 갑자기 쿠웨이트를 공격하여 세계

를 깜짝 놀라게 했습니다. 1991년 1월 17일 미, 영, 프 등 다국적군은 쿠웨이트를 점령한 이라크를 응징하기 위해 공습을 개시, 2월 28일 이라크를 항복시켰습니다. 냉전 종식 이후 첫 군사 분쟁으로 미국은 소련을 제치고 제1 강대국의 위치를 굳히게 됐고 후세인은 전쟁에서의 패배로 국민과 주변 국가들에게 인심을 잃었습니다. 서방측의 최첨단 무기들이 동원돼 현대전의 개념을 바꾸어 놓은 걸프전은 중동 평화 회담의 계기가 됐습니다.

중동 전쟁에서 미국은 왜 이스라엘 편을 들까요?

미국 국민 중 유대 민족이 600만 정도를 차지하기 때문입니다. 유대 민족이 선거에서 행사하는 힘이 막강했기 때문에 미국 정치가들은 이들에게 매우 호의적입니다.

> **Quiz 97** 미국도 전쟁에서 진 적이 있습니다. 엄청난 비용 때문에 애를 먹었던 이 전쟁은 어떤 전쟁입니까?

21세기를 준비하다

인도의 성녀_테레사 수녀

 부유한 가정에서 태어난 한 여인이 있었습니다. 가난한 사람의 아픔을 이해할 수 없었던 그녀는 도시의 가장 부유층 자녀들이 다니는 사립 학교 교사로 20년 동안 재직했습니다. 어느 날, 그녀는 한 여인의 비명 소리를 듣고 그 환자를 안고 병원으로 갔습니다. 돈없고 신분이 낮다고 병원으로부터 문전박대를 당한 환자는 낯모르는 여인의 품에서 숨졌습니다. 그녀는 여인의 주검을 안고 결심합니다. '이제부터 내가 서 있을 곳은 가난하고 병든 사람들의 곁이다.' 이 여인이 바로 테레사 수녀입니다. 한 순간의 결단이 그녀의 삶을 '이기적인 높은 곳'에서 '헌신적인 낮은 곳'으로 옮겨 놓았습니다.

 **테레사 수녀**

 1910년 알바니아에서 태어나 18세 때 수녀가 되었습니다. 인도로 건너가 수도원 부속 학교 교사로 일하다가 수도원을 나와 캘커타의 빈민촌에서 고아, 빈민, 노인, 병자들을 돌보며 살았습니다.

1948년 '사랑의 선교회'를 세웠고 1979년 노벨 평화상을 받았습니다.

> **함께 익혀 둡시다**　**헬렌 켈러**
>
> 헬렌 켈러는 어린 시절 성홍열을 앓아, 보지도 듣지도 말하지도 못하는 농아·맹아가 되었습니다. 그러한 장애에도 불구하고 가정 교사인 설리번 선생의 도움으로 엄청난 노력을 기울여 사물을 만지며 수화를 배우고 글자를 배워서 하버드 앤드래드 클리프 대학을 우수한 성적으로 졸업을 하고 맹인을 위한 사회 사업과 2차 세계 대전시 부상병 구제 운동을 하였으며 사상가로, 강연회 강사로 활약하였습니다. 아무리 어려운 고난이 닥치더라도 꿋꿋이 헤쳐 나가면 성공을 할 수 있다는 살아있는 증명을 해 준 분입니다.

인도인 중 노벨 상을 받은 사람은 또 누가 있나요?

타고르는 인도가 낳은 위대한 시인입니다. 그는 동양인으로는 최초로『기탄잘리』라는 시집으로 노벨 문학상을 받은 시인일 뿐 아니라, 사상가요 음악가이며 또한 훌륭한 교육가입니다.

> **Quiz 98**
> 1631년 무굴 왕조 제5대 황제 샤자한이 36세로 세상을 떠난 왕비 무무타즈 마할을 위해 야무나 강 연안에 세운 것으로, 완성하는 데 22년이 걸린 인도 북부에 있는 왕실 무덤입니다. 인도의 대표적인 이슬람 건축물인 이것은 무엇입니까?

21세기를 준비하다

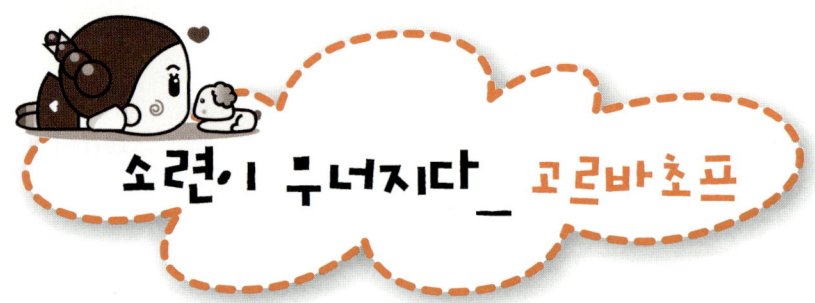

1980년대 전반에는 소련과 미국의 핵전쟁의 위험이 최고에 이르렀습니다. 소련과 미국이 내세우는 정치 형식이 달랐고, 공산주의와 자유주의를 대표하는 자존심이었으므로 두 나라는 절대로 서로 양보할 수가 없었습니다. 핵무기를 갖는 것도 마찬가지였습니다. 그러나 소련의 서기장이 된 고르바초프는 공산주의로는 경제를 발전시키기 힘들다는 것을 느꼈습니다. 고르바초프는 공산당을 해체하고 미국과 평화롭게 지내기로 약속을 하였습니다. 이것으로 미국과 소련의 냉전은 끝이 났습니다. 1990년 정치 제도를 바꿔 소련 최초의 대통령이 된 고르바초프는 같은 해 노벨 평화상을 받았습니다.

소련 해체

고르바초프는 정치·경제면에서 개혁(페레스트로이카)과 개방(글라스노스트)을 내세우면서 자유주의의 경제 방식을 받아들이려고 했습니다. 이를 통해 소련이 경제적으로도 큰 나라가 되기를 바란 것이었습니다. 그러나 개혁이 이루어지기도 전에 그를 반대하는 사람들로부터 쫓겨나게 됩니다. 그 후 소련에서는 곳곳에서 독립의 기운이 일어나 1991년 12월 21일 여러 나라가 모여서 이루어진 소비에트 연방 공화국, 즉 소련은 사라지게 되었습니다.

함께 익혀 둡시다

프라하의 봄

유럽에서 가장 민주적이었고 선진화된 체코슬로바키아는 2차 대전 이후 공산화로 말미암아 전체주의 국가로 전환되었고, 사회주의 사상과 공산당 그리고 소련이라는 외적인 압력으로 요약되는 소위 '겨울'을 맞이하게 되었습니다. 그러나 이런 상황에서도 지식인들과 작가 그리고 학생들은 자유화와 민주화를 요구하기 시작했고, 이것은 결국 공산당 내부의 권력 변화를 초래했습니다. 아래로부터의 압력에 굴복한 공산당 내부에서는 강경파를 퇴진시키고, 슬로바키아 출신의 온건한 개혁주의자인 두브체크를 공산당 제1서기로 추대했습니다. 두브체크는 곧 개혁주의자들의 입장을 받아들여, 소련과 어느 정도 거리를 두며, 다당제가 인정되고, 일정 부분 자본주의적 요소를 받아들이는 '인간의 얼굴을 가진 사회주의'를 표방하기에 이르렀습니다. 이렇게 시작된 '프라하의 봄'은 불과 8개월 남짓한 짧은 기간 동안만 유지될 수 있었습니다. 왜냐하면 자유화 운동의 파장이 동구권에 미칠지 모른다는 우려로 같은 해 8월 바르샤바 조약군이 탱크를 앞세워 '프라하의 봄'을 짓밟았기 때문입니다. '프라하의 봄'은 20년 후 고르바초프의 개혁·개방에 영향을 주었습니다.

Quiz 99
임시 정부만 타도하면 지체 없이 민주주의적인 자유와 제도를 확립하겠다고 끈질기게 주장·약속해 온 레닌은 정권을 잡은 지 3일 만인 11월 10일 언론을 구속하는 법령을 공포하였습니다. 러시아에서 민주주의의 싹을 말살하고 인류 역사상 최악의 독재를 확립한 혁명은 무엇입니까?

남아프리카는 유럽인들이 일찍부터 식민지로 삼고 원주민인 흑인들을 혹독하게 차별했습니다. 원주민인 만델라는 그런 흑인 차별에 반대하는 운동을 벌이다가 1963년부터 감옥에 갇혀 살았습니다. 1976년부터 남아프리카 곳곳에 흑인 차별 반대 운동이 거세자 경찰은 시위대에게 폭력을 휘둘러서 무려 575명의 흑인이 목숨을 잃었습니다. 그러자 전세계 사람들이 남아프리카를 강력하게 비난하기 시작했습니다. 어떤 나라들은 무역을 중단하기도 했습니다. 1990년 2월 결국 만델라를 28년 만에 석방했습니다.

 남아공 인종 차별 정책 철폐

1991년 6월 데 클레르크 대통령이 토지법과 인구 등록법을 폐지, 세계의 마지막 흑백 인종 차별 정책으로 남아있던 남아공의 인종 분리 정책(아파르트헤이트)이 종식됐습니다. 이로써 남아공은 30여 년간 이어진 국제 사회에서의 고립을 벗어났습니다. 1994년 4월 26일 '남아공 흑인저항의 상징'인 넬슨 만델라가 대통령에 당선됨으로써 3백42년간의 백인 지배 시대가 막을 내리고 흑·백 공존의 새로운 장이 열렸습니다.

함께 익혀 둡시다   에이즈

아프리카는 지구상에서 가장 가난한 대륙입니다. 매일 약 13,000명에서 30,000명의 아프리카 어린이들이 영양 실조로 죽어가고 또 에이즈로 인해 많이 죽어갑니다. 20세기의 흑사병으로 불리는 에이즈(AIDS:후천성 면역 결핍증)는 감염된 사람의 면역 기능을 파괴시켜 결국 사망하게 하는 바이러스성 질환으로 1970년대 말 아프리카에서 처음 발생했습니다. 에이즈는 핵, 환경 문제와 함께 인류의 미래에 어두운 그림자를 드리우고 있습니다.

왜 아프리카를 검은 대륙이라고 부르나요?

아프리카 대륙에 살고 있는 인종이 흑인이 대부분이기 때문에 검은 대륙이라 불리기 시작한 것 같습니다. 그리고 소말리아, 수단, 에티오피아 이들 국가들은 국명의 어원 자체가 모두 '검다'는 뜻을 지니고 있습니다.

Quiz 100
남아프리카 공화국의 네덜란드계 백인을 부르는 말입니다. 17세기 중엽 네덜란드 동인도 회사가 만든 케이프 식민지에 본국 네덜란드에서 이주한 이들은 누구입니까?

21세기를 준비하다

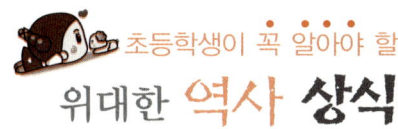

초등학생이 꼭 알아야 할 위대한 역사 상식

2006년 11월 30일 제1판 1쇄 발행

지은이/우진영·이양경
펴낸이/강선희
펴낸곳/가림출판사

등록/1992. 10. 6. 제4-191호
주소/서울시 광진구 구의동 57-71 부원빌딩 4층
대표전화/458-6451   팩스/458-6450
홈페이지/ www.galim.co.kr
전자우편/galim@galim.co.kr

값 9,500원

ⓒ Galim, 2006

불법복사는 지적재산을 훔치는 범죄행위입니다.
저작권법 제97조의 5(권리의 침해죄)에 따라 위반자는 5년 이하의 징역
또는 5천만 원 이하의 벌금에 처하거나 이를 병과할 수 있습니다.

ISBN 89-7895-252-6 74370
ISBN 89-7895-251-8 (세트)

가림출판사·가림M&B·가림Let's의 홈페이지(http://www.galim.co.kr)에 들어오시면 가림출판사·가림M&B·가림Let's의 신간도서 및 출간 예정 도서를 포함한 모든 책들을 만나실 수 있습니다.
온라인 서점을 통하여 직접 도서 구입도 하실 수 있으며 가림 홈페이지 내에서 전국 대형 서점들의 사이트에 링크하시어 종합 신간 안내 및 각종 도서 정보, 책과 관련된 문화 정보를 받아보실 수 있습니다.
또한 홈페이지 방문시 회원으로 가입하시면 신간 안내 자료를 보내드립니다.